高情商管理课

90%的人都不知道的管理技巧

王永红◎著

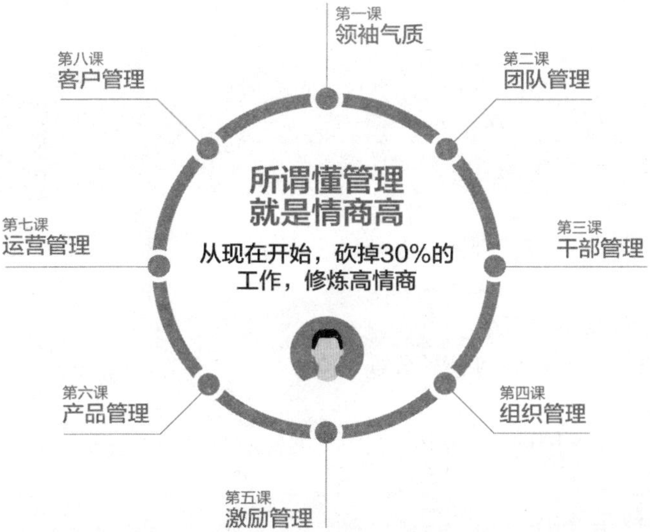

中国经济出版社
CHINA ECONOMIC PUBLISHING HOUSE
·北京·

图书在版编目（CIP）数据

高情商管理课：90%的人都不知道的管理技巧／王永红著．
北京：中国经济出版社，2018.5
ISBN 978－7－5136－5095－3
Ⅰ.①高… Ⅱ.①王… Ⅲ.①企业领导—情商—关系—企业
管理—商业模式—研究 Ⅳ.①F272
中国版本图书馆 CIP 数据核字（2018）第 032782 号

责任编辑　李　丰　高晓晔
责任印制　马小宾
封面设计　任燕飞设计室

出版发行　中国经济出版社
印 刷 者　北京富泰印刷有限责任公司
经 销 者　各地新华书店
开　　本　710mm×1000mm　1/16
印　　张　17.5
字　　数　216 千字
版　　次　2018 年 5 月第 1 版
印　　次　2018 年 11 月第 3 次
定　　价　58.00 元
广告经营许可证　京西工商广字第 8179 号

中国经济出版社 **网址** www.economyph.com **社址** 北京市西城区百万庄北街 3 号 **邮编** 100037
本版图书如存在印装质量问题，请与本社发行中心联系调换（联系电话：010－68330607）

前言
PREFACE

情商之父丹尼尔·戈尔曼曾对188家大公司竞争力模型进行了分析，他的目的是找到这些跨国公司、超大公司或政府机构中，有哪些个人能力因素会对其产生重大影响。丹尼尔·戈尔曼将个人能力因素分为三种类型，即纯粹的技术能力、认知能力和情商竞争力。

研究结果发现，虽然智力是高效管理者卓越表现的影响因素之一，但比起智力因素，管理者的格局、视野、主动性等情商因素对企业所产生的影响力是其他因素的两倍。管理者的职位级别越高，情商对其效能的影响力就越大。

在随后的时间里，丹尼尔·戈尔曼通过对神经学以及人类成功要素的不断分析研究发现：在才智、受教育程度、行业经验相当的情况下，拥有高情商的人更容易成功。高情商的管理者决策能力强，富有创造力，能很好地理解他人，并与他人建立良好的社交关系，能极大地调动团队成员的工作积极性。

丹尼尔·戈尔曼得出结论：最高效的管理者在关键方面是一致的，即他们都是高情商的管理者。如果缺乏情商，一位管理者是无法卓越而伟大的。

深究下去，你会发现，一家企业的成功并不是当下流行的所谓“商业模式论”，即认为企业只要发现了用户痛点，提供了对路的创新性产品，站在风口就会赢。对企业成功影响更深刻、更具有决定性的因素，是管理者高效而卓越的工作能力，而这种能力则来自其超凡的情商。因此从某种意义上来说，高情商管理就是企业最好的商业模式。

华为最初只是一家注册资金2万元，只有6个人的小公司。从一家小公司起步，经过30年的发展，华为已经发展到拥有十七八万名员工，总营业额超5200亿元的超级巨鳄。华为成功的核心因素是其领导者任正非独特超前的企业管理理念、管理方法及其个人超乎寻常的影响力。

腾讯平台活跃着数以亿计的用户，连接着数量庞大的企业以及用户人群，腾讯在资讯、通信、娱乐、金融、生活等各个领域取得了巨大成就。可以说，腾讯是一家伟大的互联网公司。“一切以用户价值为依归”是腾讯的理念，其体量庞大，商业模式多元而复杂。这一切看似与腾讯务实、低调、勤勉的企业文化与工作效能有关，但追根溯源，腾讯背后有一位看似沉稳实则强大而有力的领导者马化腾。在马化腾的决策指导下，腾讯集团在战略、创新、管理、文化、员工、用户、产品、运营和研发九大体系中，方法得当，运转高效。

在全世界掀起一场巨大影响力的，还有一位有着大格局、大气度、大视野的领导者马云。马云创建的阿里巴巴一开始的使命便是“让天底下没有难做的生意”，如今他说：“如果世界不够好，你即使过得再好，也没有意义。”“成功者必须有利他的思想。只有让你的员工、客户、合作伙伴比你强大，只有你的竞争对手比你强大，社会才会进步，你才有可能成功。”

高情商管理者需要做的事情不是模仿那些所谓的成功商业模式，更不是瞄准快钱赚小钱，而是“放长线，钓大鱼”，一步一个台阶持续成长，在个人影响、团队管理、干部选培、组织架构、考核激励、运营监管、产品创新、客户关系等多个层面，不断积累自身实力，释放管理能量，在提升企业综合竞争力的同时，快速成长为一名卓有成效的管理者。

目录
CONTENTS

团队富有激情的工作状态，又会使得组织富有生命力和创造力，运转更加顺畅，从而拥有一流的竞争力。

第3章

干部管理：金字塔顶部要站什么样的人

任正非说过一句话：管好干部，分好钱。企业金字塔顶部究竟应该站什么样的人更合适？回答这个问题，需要企业根据自身的发展方向与目标，建立正确的干部选拔、管理、培训机制，搞好干部的选、用、育、留等体系化建设，让干部队伍为企业撑起一片天。

第4章

组织管理：重构，创新，崛起

组织管理的根本在于：确保组织跟得上时代的变化，增强组织驾驭不确定性的能力，激发组织成员的创造力，使组织释放出巨大的价值。而这些需要管理者顺势而为，根据外界变化，整合企业内外部所有资源，对组织进行重构和创新设计，在市场中迅速崛起。

第5章

激励管理：让员工像老板一样工作

企业激励不到位，常会出现这样的现象：员工虽然收入高，但斗志低；身在曹营心在汉，时不时想着跳槽或另立山头；对工作缺乏热情，没有团队归属感……有鉴于此，企业需要在激励层面加以完善，比如灌输危机意识，以奋斗者为本，完善考核机制等。一旦企业的激励做到位，员工的工作积极性就能充分调动起来，像老板一样自动自发，最终实现卓越绩效。

第 6 章

产品管理：刚需，痛点，高频

乔布斯、马化腾、雷军等众多业界大佬都以首席产品经理自封。为什么？因为产品才是企业发展的核心竞争力。首席产品经理不仅仅是一个职位，更是一种实实在在的使命。企业的注意力放在用户需求与用户体验上，其使命就是在价值锚上不断创新和变革，打造出爆品。小则使公司基业长青，大则使世界变得更美好。

第 7 章

运营管理：用运营驱动企业竞争力

运营管理是企业发展的关键要素，它决定了企业产品的市场成果。不同的时代对运营模式的要求不同，如今成功的商业模式无不是以用户为中心，边际成本趋于零的模式。只有契合时代特征又适合自身特点的运营模式，才能为企业带来巨大的盈利潜力、发展空间与竞争优势，确保企业实现可持续发展。

第 8 章

客户管理：将用户体验融入企业基因

成功的商业模式都有一个共同的特点：将用户融入了产品以及企业的基因中。企业在开发产品时，出发点就是用户的痛点以及用户尚未被满足的需求。用户才是企业价值的创造者，是企业方向的引导者，是企业竞争力的核心。如同周鸿祎所说："如果脱离了用户谈商业模式，不是耍自己就是耍 VC，最终也是耍自己。"

EQ

第 1 章

领袖气质：以魅力成就卓越

领导力是领导者的决策力、学习能力、格局视野、影响力、实践经验以及领导方法等的综合体现。一切组织和个人的兴衰都源自领导力，而领导力并非天赋使然，它完全可以在后天的学习与实践中获得。

1.1

领导者就是重复推轮子的人

> 企业就像一个巨大的飞轮，特别重。我们每个人去推，一下两下，这个飞轮纹丝不动。但大家坚持，咬着牙不放弃，突然有一天，这个能量积攒到一定数量，飞轮就慢慢动起来了。一旦这个飞轮动起来，自己就有了势能，后来大家再推，它就会越转越快。领导者不要觉得自己每天做的事很枯燥，不要怕重复，其实大家都是重复推轮子的人。
>
> ——周鸿祎

加拿大作者马尔科姆·格拉德威尔在著作《异类》中指出："人们眼中的天才之所以卓越非凡，并非天资超人一等，而是付出了持续不断的努力。1 万小时的锤炼是任何人从平凡变成超凡的必要条件。"由此，他提出了风靡全世界的理念——"一万小时定律"。

事实上，成功企业家的领导力并非都是天赋使然，多是后天经过数个"一万小时"所磨炼出来的。

任正非刚到深圳时，曾是一家国有企业的副经理，管着二十几个人，他当时的管理能力并不突出，最后还被骗了钱，被国企开除。无奈之下，任正非创立华为，那时候他已经44岁。后来他带领华为披荆斩棘，成为世界有名的大企业。无论是工作，还是创业，任正非从未停止过学习管理学、心理学、哲学以及科学技术方面的知识，且在工作实践中逐步摸索管理之道。他持续学习的习惯已经深入骨髓。

雷军在金山的时候，就是出了名的工作狂，他的工作时间基本是每周16×7小时。他在创立小米以后，这种高强度工作状态虽有所收敛，但也是每天至少工作12小时左右，吃饭只用3分钟，一天开11个会。

在马化腾看来，夜里12点前不下班再正常不过。他经常是工作到凌晨都还没有下班，为的就是找出问题反馈给相关负责人。马化腾的母亲黄惠卿曾说："孩子越成功父母越辛苦。他老爸退休后还得给他熨衣服呢。"

微软创始人比尔·盖茨，苹果前总裁乔布斯，他们在自己的管理领域，所投入的时间与精力是巨大的。正是这种日积月累，才成就了他们的领导力，使他们带领着自己的企业一步步走向卓越。

正如360总裁周鸿祎说："企业就像一个巨大的飞轮，特别重。我们每个人去推，一下两下，这个飞轮纹丝不动。但大家坚持，咬着牙不放弃，突然有一天，这个能量积攒到一定数量，飞轮就慢慢动起来了。一旦这个飞轮动起来，自己就有了势能，后来大家再推，它就会越转越快。领导者不要觉得自己每天做的事很枯燥，不要怕重复，其实大家都是重复推轮子的人。"

1.1.1 持之以恒，奋斗不息

领导力是多种能力的集合体，它涉及影响力、沟通能力、纪律性、格局、远见、决策、效率、时间管理、动机、经验、感染力等方面。此外，一位卓越的领导者还需要高度自律，以及长时间持之以恒的学习和磨炼。

美国领导力大师约翰·麦克斯韦尔曾提出领导力法则——过程法则。他指出，自我发展和不断提升自身的技能水平，正是领导者与其追随者最本质的区别。“成为一名领导者跟在股市上成功投资有诸多相似之处。如果你幻想着自己能一夜暴富，那你是不会成功的。”“如果你能够在领导力培养方面持续投资，让你的‘资产’不断增值，随着时间的流逝，最终你的领导力必然会有显著的提升。”

万达总裁王健林将他成功的核心因素归结为——勤奋、聪明和运气。他说：“勤奋可以保证你在机会来时做好准备；聪明可以确保你具有判断力；然后再加上一些运气。”事实上，王健林的勤奋是出了名的。万达集团曾公布过他在2016年11月30日这天的行程表（见表1－1）：

表1－1　11月30日王健林行程表

4：00	起床
4：15－5：00	健身
5：00－5：30	早餐
5：45－6：30	前往机场
7：00－12：15	雅加达飞往海口
12：20－12：45	到达海南迎宾馆
12：45－13：00	会见海南领导
13：00－13：20	出席海南万达商城项目签约仪式
13：20－14：10	便餐
14：10－15：00	前往机场
15：00－18：10	返回北京
18：30－19：10	到达办公室

据万达微信公众号披露，王健林每天都是如此忙碌，这个行程表不过是最普通的一天。在这张行程表中，王健林4点钟就起床，一天之内飞行

两个国家三个城市，单是行程就已经达到6000公里。不仅如此，王健林也会充分利用飞机上或路上的时间来研究项目。回到办公室之后，王健林仍然要工作一段时间来处理公司的事务。王健林已经62岁，但他一直坚持健身，风雨无阻。王健林的早餐出乎一般人意料，并非豪华式早餐，通常很简单，一碗粥，一片面包，一小碟咸菜。

约翰·麦克斯韦尔说："从一个人的日程表中，你能够看出什么呢？做事的优先顺序、热情、能力、关系、态度、自律、眼光和影响力。看看一个人每天都在做什么，日复一日做什么，你就能知道他（她）是什么样的人，以及他（她）会成为什么样的人。"

王健林数年如一日的持续奋斗、高度自律，他为成功付出了巨大的时间成本。可以说，万达拥有18个月造一座城的执行力，万达的狠劲与干劲背后，站着一位努力拼搏、奋斗不息的铁腕领导者。

1.1.2 在重复繁琐中优化升级

尔科姆·格拉德威尔曾指出，很多人对于"一万小时"理念有误读。他们认为"一万个小时是成就伟大的神奇数字""只要足够勤奋，谁都可以成为某个领域的专家"。

尔科姆·格拉德威尔表示，不应该在所有领域都认为一万小时定律是可行的。跑得很慢的男孩用一万个小时也很难成为短跑冠军，也并非所有的人花一万小时在象棋上，就能成为象棋大师。

的确，很多在流水线上工作一辈子的人，他们的工作时间远远超过一万个小时，但最后也不一定有什么成就。一些成年累月坚持跑步的人，虽然有好的体质，但绝大多数人多年后还是原地踏步，很少有人会因为日常跑步就在速度或耐力上超过专业运动员。还有很多公司的创始人，不断重复同样的工作，同样的项目，同样的用人策略，很多年后公司依旧会面临倒闭的境地，而创始人的领导力在这漫长的时间里，也没有得到提升。

一万小时定律有一个前提条件：重复琐碎的事情是必要的，但是要从重复中不断总结经验教训，不断刷新认知，才会有所成就。周鸿祎虽然推崇“大家都是重复推轮子”的人，但是在关于如何“重复”，“轮子”如何推动方面，可不是简单的“重复”。

周鸿祎在一篇文章中指出，一些年轻的同事抱怨说工作重复，枯燥无味，但他觉得，这些人应该在这种琐碎、重复的工作中，想办法不断优化升级。

周鸿祎曾讲过一个助理的故事，说的是助理总是帮总经理贴发票。这工作看上去繁琐、重复，又没有意义。但这个助理很聪明，他从简单重复的工作中不断优化自己的工作能力，先是建了一个表格，按照时间、金额、消费场所的顺序，将这些报销数据有条理地进行记录。在这个过程中，他又发现了这些商务活动背后的规律，就算是总经理没交代的工作，他也照样做得很好。

他不断从这种看似毫无前途的工作中进行总结、学习和提升，同时，也在不断拓展自己的职业生涯。

领导力的提升同样也是这个道理。作为领导者，每天所要去处理很多繁琐甚至枯燥的事务。这种情况下，你不仅需要“重复去推轮子”，更需要在这种重复、琐碎、枯燥的过程中，不断发现规律，持续突破个体以及团队的局限。

1.1.3　影响力：带领大家重复推轮子

影响力是衡量领导者领导力的尺度之一。影响力，通常指的是以一种别人所乐于接受的方式，改变他人的思想和行动的能力。企业领导者的影响力表现为：印象管理、战略影响、善于表现的能力、目标的说服力以及合作的影响力等。从构成要素上来说，领导者的影响力是由两种要素构成，见图1－1。

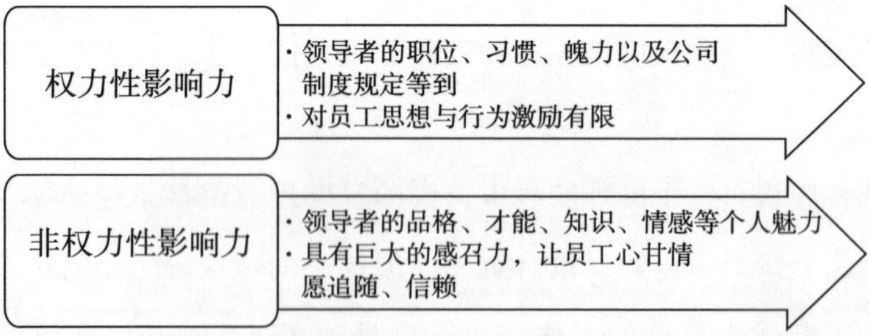

图1－1　领导者影响力构成二要素

作为领导者，只有不断提升影响力，拥有强大的气场，才能使越来越多的员工愿意追随，才能带领越来越多的人推动“企业的巨轮”。

马云和阿里巴巴的知名度和影响力，早已享誉世界。360总裁周鸿祎曾说：“我跟马云是有差距的。如果比懂技术、懂产品，可能马云不如我，但是他更懂领导力，更懂人性。所以马云可以驾驭更大的事业。”

马云的影响力遍及全球，阿里巴巴平台更是最大的市场。在美国，《时代周刊》2017年全球重要影响力百人榜入围名单中，马云再次入围。在此之前，马云分别于2009年和2014年两次入选《时代周刊》“全球百名最具影响人物”名单。

在美国，仅天猫一个平台的活跃用户数量就高达5亿人，而美国的总人口也才3亿人左右。可以说，阿里巴巴的生态力量更是增加了全球就业机会。也可以说，阿里巴巴的支付宝、天猫等平台在全球的影响力都是空前的。

马云说过："我们的愿景就是打造一个公平的贸易环境，无论任何人、无论企业大小，都可以利用连接世界的力量来创业并取得成功。"

马云在阿里巴巴乃至全球巨大的影响力，来自于马云个人的人格魅力。马云的性格中具有诚信、坚韧、乐观、感恩、冷静、自信、勇气等领导者品质。马云还具有强大的表达沟通能力，在这一方面，王健林说："不服不行"。马云的演讲、沟通有强大的感召力，不但善于鼓舞士气，还能吸引大量的投资者。马云的格局更大，视野更为长远，视角更犀利。这些因素综合起来，就使得马云拥有了巨大的影响力，也使追随者更愿意听从他的指挥，追随他的脚步。

1.2

要有改变世界的大格局

> 我原来是一名教师。在过去17年，我理解自己是阿里巴巴的首席教育官。这是我最为骄傲的事情。我所想的从来不是赚多少钱，而是如何利用好这些钱，去改变世界。
>
> 人们提起阿里巴巴，一般都是说阿里巴巴有多大，成长有多快。但是在我心目中，值得骄傲的从来不是阿里巴巴的业务有多好、盈利有多高，而是我们对于国家，对于世界的未来能够做到多少转变。这才是我们真正值得骄傲的地方。
>
> ——马云

当下，越来越多的卓越企业家在追求效益的同时，也将“解决社会问题”“使这个世界变得更美好”当成自己的使命。

如：Facebook公司创始人兼CEO马克·扎克伯格致力于将Facebook打造成一个全球性的社交网络服务平台，促进世界文化的交流沟通。同时，他还带领团队不断研究，如何能够让地球上的偏远落后地区，也能享受到现代化的互联网服务。

乔布斯的口号就是“活着就为了改变世界”。他创造的苹果产品深刻改变了现代的通讯、娱乐与生活方式。

特斯拉首席执行官马斯克在任期间，不仅使得电动车制造商的股价增长了近700%，而且还提出了为人类寻找新的生存环境与新能源的明确方向。

比尔·盖茨与妻子成立基金会，致力于减少全球存在的不公平现象，为贫穷国家提供援助。比尔·盖茨还将个人遗产全部捐给基金会。

马云创造阿里巴巴最开始的使命是“让天底下没有难做的生意”。如今他说“如果世界不够好，你即使过得再好，也没有意义”“成功者必须有利他的思想。只有让你的员工、客户、合作伙伴比你强大，只有你的竞争对手比你强大，社会才会进步，你才有可能成功”。马云认为，企业家的使命就应该是为社会创造更多就业机会，解决众多的社会问题。

马化腾说腾讯的使命是“做互联网连接器”。事实上，腾讯无处不在的应用大大方便了人们的生活。另外，腾讯微信开始进军职场，试图解决上班族关心且需要解决的问题。

摩拜单车创始人胡玮玮创办摩拜的初衷，是希望通过新的商业模式，解决城市“最后一公里”难题，打造更具可持续性也更对环境负责任的出行方式，以“两个轮子，解决中国碳排放”。据世界野生动物基金会估计，摩拜自创立以来一年半左右，用户骑行里程已超过25亿公里，二氧化碳排放量减少了61万吨。

这些卓越的企业家拥有的是大格局、大境界，他们致力于为这个世界不断创造价值，他们用一种“大野蛮”撬开了通往更加美好的世界的大门。同时，他们也为万千的企业家做出了榜样，表明了现代企业家在帮企业渡过难关、赚取利润的同时，应该有更远大的视野、情怀与格局。

企业家要有大视野，看见未来的政治、经济、技术等领域的变化形势。企业家能看多远，未来就能走多远。

企业家要有大情怀，无论是什么样的企业，生存并不是为了自己，而是要“利他”，解决更多的社会问题。

企业家要有大格局，不能故步自封，只看到眼前和脚下，而是要有“全球化”的担当与视野，打造人类命运共同体。

1.2.1 要有改变世界的梦想

管理学之父德鲁克认为，管理的本质，就是激发和释放每一个人的善意。领导者要做的是激发和释放人本身固有的潜能，创造价值，为他人谋福祉。卓越的企业家有着坚定的信念，他们追求的并不是赚了多少钱，而是为世界创造了多少价值以及带来了多少好处。

从成功的企业家身上，我们不难发现，他们很少以赚多少钱为目的，他们的目标更远，他们大多有着“改变世界”的梦想，并以此为出发点，领导团队一往无前，以奋斗与成就诠释价值。

2016 年 4 月 9 日，马云在欢迎挪威女首相到来的致辞上，讲到：“人们提起阿里巴巴，一般都是说阿里巴巴有多大，成长有多快。但是在我心目中，值得骄傲的从来不是阿里巴巴的业务有多好、盈利有多高，而是我们对于国家，对于世界的未来能够做到多少转变，这才是我们真正值得骄傲的地方。”

马云在与挪威首相的交谈中，还提到，“我原来是一名教师。在过去 17 年，我理解自己是阿里巴巴的首席教育官。这是我最为骄傲的事情。我所想的从来不是赚多少钱，而是如何利用好这些钱，去改变世界。我相信运用科技赋能人，来共同对抗同贫穷、疾病和环境污染，而不是人类之间互相斗争。只有这样我们才能成功。”

“改变世界”的目标一直贯穿于阿里发展的过程中。19 年前，马云创业失败，离开北京。在出租车上，他不停念叨：“我不成功，会有人成功的，但首先一点，我希望中国人早点成功，不要再拖下去了。”这年 2 月，马云在湖畔花园小区里，对其他 17 个人说要做全世界最大的互联网企业。不久，马云创立了阿里，阿里的使命定位于“让天底下没有难做的生意”。

在阿里融资的时候，一位美国主持人询问马云阿里的目标。马云说：“阿里的目标就是改变世界。”这在当时，很多投资者觉得可笑，但这句话却成了阿里的标签。

这种看上去虚无缥缈的理想主义目标，却激励了阿里人团结一心，劲往一处使，从而使得阿里巴巴像滚雪球一样，越来越大。

2014 年 9 月 19 日，阿里巴巴在纽交所上市，马云随口说了一句话：“我们也没有想过会这样。所以说，梦想总是要有的，万一实现了呢?”一天后，这句话像洪流一样覆盖了中国互联网的每个角落。

随后的几年，阿里巴巴仍旧以“改变世界”的梦想为指引，不断开疆拓土，推动中国商业体系日新月异。时至当下，从无人超市到智慧城市，再到全球平台，阿里巴巴始终贯彻这样的商业逻辑：“对社会商业体系有没有帮助”“如果有帮助，那有没有人在做”“如果没有，那我来”。如今，从对中国商业的影响力来说，没有企业能够超越阿里巴巴。

1.2.2　格局决定结局

有一个小寓言，讲的是三个工人在工地上砌砖。一位路人问他们：

"你们在干嘛?"第一位工人没好气地说:"砌墙。"第二位工人笑了笑,说:"我们在盖一栋大楼。"第三个工人笑容满面地回答:"我们正在建一座新城市。"十年之后,第一位工人仍旧在砌墙,第二位工人成了工程师,而第三位工人则成了建筑公司的老板。

在这则寓言中,第一位工人的视野也就是眼前那么一点事儿;第二位工人的视野稍微远一些,但也仅仅局限于一栋大楼,格局还是不够;第三位工人是拥有大视野与大格局的人,他看得更远,想得更远,这注定他走得更远。

这则寓言说明什么?格局决定一个人的视野、胸襟和胆识,而这些要素最终决定了一个人的命运走向。领导者的格局主要体现为领导人的知识面、认知程度、视野与胸怀。领导者的格局直接决定了企业的走向与结局。

同样道理,评价一家企业发展前途如何,首先要看这家企业拥有什么样的领导者,以及其拥有什么样的领导力。

《财富》2016 年年度商业人物是马克·扎克伯格。

2005 年,马克·扎克伯格从哈佛大学退学,把自己的初创公司搬到硅谷。那时,Facebook 还没有移动版,其网站拥有 600 万用户,用户群主要为高中生与大学生。在公司估值约 1 亿美元的时候,很多企业都想收购,但马克·扎克伯格坚决拒绝。11 年后,扎克伯格的 Facebook 拥有将近 1.6 万名员工,是一家市值高达 3500 亿美元的媒体巨头,还是一家依托广告收入的科技巨无霸。凭借着 Facebook 的巨大成就,三十多岁的扎克伯格已经获得与比尔·盖茨、史蒂夫·乔布斯和杰夫·贝佐斯并驾齐驱的超级商业巨星地位。

《财富》对马克·扎克伯格的研究发现,扎克伯格的成功得益于三方面优势：独特的展望未来的能力；超脱尘俗的连贯性；在一个经常迷恋闪亮小玩意的行业中培养的商业纪律。其中，马克·扎克伯格展望未来的能力排在第一位，他远比外表看上去更有远见，更有格局。

扎克伯格的校友、Facebook前工程师迈克·维纳尔认为，“马克的一大特点是，他看待事物的眼光非常长远，几乎是站在地质学的角度。”“大多数人所思所想的，皆是今天或明天，本周或下周的事情，而马克的思维总是以世纪为单位。”迈克·维纳尔还举了一个例子：扎克伯格先用10年时间，借助固定翼无人机，链接到这个星球上另一半还没有使用互联网的人口，从地球上空为他们提供互联网接入服务。

也就是说，扎克伯格的视野是非常大的，他在思考企业战略的时候，并不是停留在一两年，甚至是三五年，而是将视野放在未来。而视野决定了他的格局，格局决定了他的成就。

1.3

把自己逼死，把别人逼疯

> 把自己逼死，把别人逼疯，如果自己都没被逼疯的话，那可能还没到极致。
>
> ——雷军

乔布斯是一个“脾气很坏”的创始人。他注重细节，追求极致。乔布斯不但严格要求自己，也严格要求身边所有人。结果就是苹果公司向世界提供了简单、极致、完美的产品。

而雷军采用小项目团队形式经营小米，将产品细节打磨到极致。自创业以来，雷军一直保持一个习惯，周一早上九点半至中午一点半不吃饭，专心只做一件事：与一线的工程师、设计师、产品经理讨论，产品细节如何打磨再打磨，如何更趋于极致与完美。雷军的管理理念始终秉承“把自己逼死，把别人逼疯”。

无论是乔布斯，还是雷军，他们“把自己逼死，把别人逼疯”的管理方式包含两个层面：一个层面是高度的自律；一个层面是“严格就是大爱”。

管理大师德鲁克说："执行者向领导者的职业角色转变，我认为最重要的不是管理能力，而是主动的自律。也就是说，领导者要先管好自己。为什么要先管好自己呢？因为与被规范约束的执行者相比，领导者是资源支配权的拥有者，拥有更多的自由，理应承担相应的责任。"

美国领导能力研究领域教授詹姆斯·菲舍尔在其著作《权力没有过错——用权力实现有价值的目的》中这样说道："没有自律，你只能做出很少的成绩，很难真正地做好任何事情；没有自律，我对你讲的所有事情，就只会比鸡尾酒会谈话和最近读的书多起一点作用。自律是成功完成大部分有价值事情的基础。"他还指出，"自律是一个人掌控权力的基本特点""只有自律才能帮助你得到权力和幸福"。

领导者高度的自律，能够使其具有好的身体和精神状态，拥有战胜私欲的"公平心"，注重发挥他人的长处，并作为规则的遵守者为下属或他人做出榜样。

领导者在高度自律的基础上，也需要对下属"狠一点"，严格才是大爱，"坏"领导才能带出好团队。事实上，但凡成功的企业"坏"领导者比比皆是。严厉的领导会考核员工，高标准要求员工，逼迫他们不得不迅速成长。这种严苛给员工的感觉并不舒服，却使员工从这种高标准高要求中，有了责任心和执行力，从而在一件又一件以结果为导向的工作中建立自信，在不断成长蜕变中变得更加强大。

1.3.1 要么死磕，要么死

一个企业的成败，80%取决于领导人的领导力。领导人是企业的灵魂，领导人的智慧、知识、性格、思维对企业的决策和发展有决定作用。

优秀的企业领导人无一例外都拥有高度自律的习惯，他们能够做到自省、自强，自我励志、自我锤炼，自我约束，能够在工作中以身作则，做企业队伍的“头狼”。

二十年前，雷军说过一句话：“天才，绝不是我雷军这样的凡夫俗子靠勤奋所能达得到的，但是我仍然有一点点不死心。”雷军的这句话，又何尝不是他日后奋斗轨迹的暗示呢？

小米的创始人雷军在创立小米之前，就已经是互联网领域赫赫有名的人物。他曾是成功的经理人，2007 年成功带领金山软件在香港上市，他与求伯君一起扛起 WPS 这杆民族软件大旗。历经多次迭代之后，于 2017 年分拆上市。雷军也是成功的投资人，他投资卓越、UC 等获利颇丰，YY、迅雷、猎豹移动也成功 IPO（首次公开募股）。

雷军早就实现了财务自由，大可以享受生活。然而雷军终究还是选择了再度创业，只因为“一点点的不死心”。他仍然有着超出常人的自律，仍然保持他的劳模形象，仍然以 7x16 个小时的工作模式作为他的生活方式。

创办小米以来，雷军一直保持着工作日中午只有 5 分钟时间吃盒饭的节奏，每周星期一早上九点半至中午一点半不吃饭，专心只干一件事：与一线的工程师、设计师、产品经理讨论，怎么把产品细节做好。

有时候，雷军为了谈合作或者挖掘人才，可以同对方连续长谈十几个小时。虽然他口才比不上很多企业家，但他的勤奋与诚意足以感动交谈者。

雷军的好友在一次采访中透露：“你总能体会到雷军那种因为亢奋、焦虑所带来的强迫感。”他说，在锤子手机发布会结束后的次日凌晨，他接到了雷军的电话，雷军反复问他：“你觉得锤子会对行业有什么影响？”

在员工看来，雷军总是身先士卒、以身作则、将心比心。一位小米的老员工这样评价小米以及雷军："整个公司都处在非常饥渴的状态，红着眼睛向前跑，而雷军永远是冲在最前面的那一个。"这名员工说，"什么时候雷军慢下来了，整个公司都会感到害怕。"

雷军的这种高强度的工作节奏与管理风格，背后是需要强大的信念作为支撑的。杰克·韦尔奇在《商业的本质》中提出，工作和生活不存在兼顾的问题，而是一个选择的过程，选择工作就没有生活，选择生活就没有工作。而雷军选择了以疯狂的工作来改变世界，只因有"那么一点点不死心"。

1.3.2 不敢骂员工的领导不是好领导

做大做强的企业都有一个共同点——总裁够"狠"。在用人策略上，他们采取优胜劣汰的制度，坚决不用"庸才"；在促使员工执行方面，恩威并施，以行动结果、企业效益为导向，不行就走人；在制度层面，他们以严苛的制度规范员工的行为，使团队不断强大；在企业强大了之后，他们不仅自己时刻保持危机感，而且要求员工始终有危机感。

正是领导的"狠"，才使得团队执行力、效率翻倍，才使得团队工作成果高质量，高标准。敢于骂员工，对员工狠的领导，才是真管理。

董明珠的"狠"是出了名的。"董明珠走过的路，寸草不生"，这句话是业内对于这位霸道女强人的注脚。董明珠自己也表示，"工作中没有任何柔情可言，不可能既能把工作做好，又不苛刻、咄咄逼人。和谐是斗争出来的。"董明珠对员工管理极其严格，也非常"狠"，"脾气大"且"霸道"，时常对员工"发飙"。董明珠说过，最讨厌听员工说四句话——这不归我管；我不知道；他不在；这个没办法。

“这不归我管”。一次，管理层的一个高级领导告诉董明珠，事情不归他管，董明珠立即怒火中烧，冲他大喊：“商业你不管谁管?”当时旁边有采访记者，一看到这架势，也被董明珠镇住了。董明珠认为，说这话之前，就应该反思，如果遇到这样的情况，客户会怎么想。不归你管，那你总要告诉我归谁管。这话会让公司看上去没有集体感，客户对公司的印象会大打折扣。

“我不知道”。董明珠问格力员工正在进行的某个项目的参数时，这位员工说，我不知道。董明珠让她从一份外文资料中找出某项技术参数的国际标准和实验做法，她仍旧说，自己不是这个专业的，不知道。对于这样的员工，自然会被辞退。董明珠认为，“我不知道”是一种恶劣的工作态度问题。员工遇到自己不清楚的问题，可以向领导请示给自己时间去查找，去解决，而不能像没事儿人似的置身事外。

“他不在”。董明珠非常厌烦接话员或相关人员，在客户找人时说这句话。董明珠每每听到这样的话，就会火冒三丈。她认为这句话能代表整个公司的态度，甚至给公司造成巨大损失。即便客户要找的人不在，也应该说客户想听的，告诉客户，“他目前没在位置上，您有什么事我可以转达”或者“我找到他之后，叫他马上回复您”。

“这个没办法”。一位主管在向董明珠汇报工作时，说电饭煲压力锅合格率只有20%。这位主管表示，这已经做得很好了，没办法更好了。董明珠当场发火，她狠狠地批评这位主管：“好一些，好多少？彻底的改变就有价值，如果模仿，小家电不可能做出极品来，所以你们要大胆地跳出来!”这位主管立即召集团队，迅速升级制作工艺，经过二十多天没日没夜的加班加点，终于做出了让董明珠满意的电饭煲，并在市场上卖得相当火。董明珠认为，说“这个没办法”这句话可以将客户的期望值降到冰点，就等于“你在前方冲锋陷阵，你的队友在后面帮你砸客户”。她坚决不允许员工这样说，而是鼓励员工同心协力将工作做得更好。

1.4

灰度、妥协与宽容

> 坚定不移的正确方向来自灰度、妥协与宽容。只有宽容才会团结大多数人与你一起认知方向，只有妥协才会使坚定不移的正确方向减少对抗，只有如此才能达到你的正确目的。
>
> ——任正非

在国内外企业管理领域，任正非的“灰度哲学”经常被提起，被作为一个理论体系进行研究。所谓“灰度”，即以黑色为基准色调表示物体，用不同饱和度的黑色来显示图像。从企业管理的角度来说，“灰度管理”就是一种这样的思维模式：它既不是黑的，也不是白；既不是对的，也不是错的；既不是好的，也不是坏的，而是一种不走极端的融合体。

任正非的“灰度”不是所谓的不偏不倚的中庸管理之道，而是一种所谓的阴阳界限之道。在任正非的灰度哲学体系中，处处可见悖论与闭环。比如，“我们尊重人才，但我们绝不迁就有功但落后的员工”“由于成功，我们现在越来越自信、自豪和自满，其实也在越来越自闭”。

很多企业说“我们尊重人才”，但他们所谓的“尊重”是建立在 KPI

考核的基础之上。他们只注重一些硬性指标，难以看到员工的综合素质和潜力；还有的企业强调“不能懒惰”，于是，加班主义盛行，但员工工资却并没有随着加班而大幅度提升。

而任正非的灰度哲学与此大不相同，它不会从一个极端走向另一个极端，它强调的是“对人讲灰度，对事讲流程”，强调辩证、阴阳与一分为二、合二为一。《华为基本法》里，到处充满了这种灰度哲学。

2011 年，任正非在《商业评论》发表了一篇关于灰度管理的文章。在文中，他就管理之道阐述了自己的观点。“灰度管理”是华为的生命之树，决定了华为的发展方向与领导层的决策水平。同时，对于内部不同的意见与声音，只要有利于实现企业目标，领导要学会妥协与宽容，这是将不同性格、不同特长、不同偏好的人才凝聚起来的关键。

1.4.1 清晰的方向、节奏来自灰度

移动互联网时代，过分注重精准化、流程化的诺基亚、索尼、摩托罗拉都退出了历史的舞台，而华为、腾讯、360、阿里巴巴等企业却是在一种看似“乱哄哄”的管理形态下脱颖而出。

企业的方向和节奏决定了企业的未来，而企业的领导者决定了企业的方向和节奏。在潮流和趋势面前，是顺势而为，还是逆势发展，结果迥异。顺势发展，坚持努力几年，成绩会让自己吃惊；逆潮而动，可能最后输得一败涂地。领导者只有有了正确的方向和节奏，做到了顺势而为，才能使企业站在风口上一飞冲天。

在任正非的“灰度”管理理论中，他指出，一个领导人重要的素质是方向、节奏。他的水平就是合适的灰度。坚定不移的正确方向来自灰度、

妥协与宽容。一个清晰方向，是在混沌中产生，从灰色中脱颖而出的，方向是随时间与空间而变的，它常常又会变得不清晰，并不是非白即黑、非此即彼。

腾讯创始人马化腾借鉴任正非的“灰度”管理哲学，并将其运用得登峰造极。马化腾认为，用成熟的流程来管控公司，似乎避免了内部的冲突和纷争，但企业运行机制的官僚化日益明显，产品、研发按部就班，员工与部门有可能只对流程负责，而不对结果负责。这样的话，企业的创新能力必定下滑，自发的创新能力将日渐萎缩，这会让依赖创新的企业迅速倒下。因此，马化腾在管理上有一定的灰度，容忍失败，允许适度浪费，鼓励内部竞争、内部试错，将权力下放到个体，允许组织内创新。

在这种“灰度”管理模式下，腾讯的每一次节奏，几乎都是顺势而为。腾讯在刚诞生的时候，就顺应了时代的发展需求，用互联网的科技手段，给了人们除了打电话、发短信之外的另一种选择。2007 年，iPhone 横空出世，手机第一次由打电话、发短信功能扩展到了玩游戏、看资讯、新闻、视频。此时的腾讯，也看清这个“势”，发力网络游戏，从连接人与人向连接人与游戏、人与资讯发展。2010 年后，智能手机普及，腾讯及时推出了微信，对话、视频全免费，而微信最大的功劳还不止于此，它还连接了人与资讯、人与游戏、人与金融、人与生活服务，尤其是微信支付，使得人们的生活更加便利。

腾讯的灰度管理正应了互联网哲学家凯文·凯利所说的这句话：“一个真正具有创新性的公司，应该像一个巨大的森林，没有人在植树，没有人在饲养动物，但林林总总的动植物在那里旺盛生长和繁育，而这又是一个‘失控’的过程。”

1.4.2　妥协：通权达变的丛林智慧

妥协是一种灰度，没有妥协就没有灰度，妥协也是很多领导者身上共有的特征。其实妥协并不是软弱退让，而是一种识时务，通权达变的智慧。成功的领导者懂得在恰当的时机对人、事、物妥协，以达到以退为进、迂回制胜的目的。

任正非说："坚持正确的方向，与妥协并不矛盾，相反妥协是对坚定不移方向的坚持。当然，方向是不可以妥协的，原则也是不可妥协的。但是，实现目标过程中的一切都可以妥协，只要它有利于目标的实现。当目标方向清楚了，如果此路不通，我们妥协一下，绕个弯，总比原地踏步要好。干嘛要一头撞到南墙上？"

柳传志认为，人在所有智慧要素中，应当说最精妙也最具深意的东西就是"妥协"。顽强地改变自己能够改变的东西，也有足够的胸怀去包容那些不能改变的东西。有足够的智慧去分清什么是自己能够改变的，什么是自己不能改变的，这样的领导者绝对是智者。

柳传志同任正非一样有着"妥协"的智慧。柳传志虽然骨子里是一个正直、是非分明、原则性很强的人，但他的性格中也有一些变通的因子。作为企业家的柳传志，也有着政治家的性格，即"小不忍则乱大谋"。柳传志说："在为了实现某个目标的情况下，有时可以妥协。但总目标本身，一定要坚定。妥协不是目的，是一个手段。"

柳传志最经典的"妥协"就是巧妙地实施了企业股份制改革。用"拐大弯"的方式，加上 8 年的时间，将 35% 的分红权，转化成员工股权。

柳传志还将"妥协"这种智慧融入了联想的基因中。在联想收购 IBM

时，杨元庆向全体员工传达了六字方针：坦诚、尊重和妥协，迎接文化的挑战，加速融合。因此，联想不要求用联想的管理文化来管理 IBM，而是追求双方文化的整合；联想给 IBM 员工开出的薪酬是联想员工的 7 倍。柳传志认为，正是联想的妥协，才使得双方并购后取得了较好的效果。

1.4.3 宽容是领导者的美德

任正非的灰度哲学中，包含容忍和包容的气度。任正非在一篇论灰度的文章中指出，任何工作，无非涉及两方面：一是同物打交道；二是同人打交道。不宽容，不影响同物打交道……但是，任何领导者，都必须同人打交道。有人把管理定义为“通过别人做好工作的技能”。一旦同人打交道，宽容的重要性立即就会显示出来。人与人的差异是客观存在的，所谓宽容，本质就是容忍人与人之间的差异。不同性格、不同特长、不同偏好的人能否凝聚在组织目标和愿景的旗帜下，靠的就是领导者的宽容。

任正非在与员工或合作伙伴的相处中，秉承宽容的灰度原则。这使得华为的员工将任正非当作永远的精神领袖，合作伙伴们也因任正非的气度而更愿意与华为长期合作，从而实现双赢甚至多赢。

举例来说，任正非对有才华的属下是非常具有包容心的。华为终端公司董事长余承东自从 1993 年加入华为之后，相继担任总监、副总裁、总裁等职务。作为公司的领导者，他起初为人高调，经常出言不逊，很多同事对他不满。

有一段时间，余承东负责的项目严重拖了公司的后腿，甚至使公司的风险性增加。为此，企业内部反对余承东的声音越来越大。余承东当然不好受，任正非也有压力。但任正非了解余承东，他知道余承东其实是华为的潜力股。因此，任正非坚持自己的立场，去包容余承东的失误与失败，甚至不惜用自己的威信去支持他、维护他。任正非在公司会议上，批评一些人："不要总盯着别人的失误和失败，不要逼我做出开除余承东的决定，我对自己的批判远比对自己的肯定要多。我们都应该先批评自己。"任正非对余承东的极力维护，保全了余承东。最终，余承东没有辜负任正非的信任，他成就了华为的终端业务，用事实证实了任正非力挺自己决策的正确性与前瞻性。

1.5

听大多数人的意见，和少数人商量，一把手说了算

听大多数人的意见，和少数人商量，一把手说了算。

第一把手建班子就是为了制约自己。重要的事情，要人人都知道。小的民营公司的一把手把财务控制在自己一个人的手里，什么事都不对别人说，这很容易造成相互猜忌和不团结。

——柳传志

在企业管理中，有一个很经典的案例：蓝辛公司的上游公司泰德老总心脏病很严重，又没法让儿子接班，于是就想卖掉公司。蓝辛公司总裁蓝辛知道后，觉得这是一次好机会，就向德鲁克陈述并购的种种好处。德鲁克建议在收购泰德之前，应先听听大家的意见，但蓝辛很不高兴，他认为员工提供不了什么好的建议，这次收购再完美不过。

德鲁克一再劝诫，于是蓝辛召集了各部门经理，让他们就并购案发表看法。查理认为蓝辛公司的销售量只占泰德公司的10%，收购后，泰德的一些老客户就会走了，这并不是好事。比尔表示，泰德公司产品质量一般，时常还有不合格产品。克劳说，泰德的年利润与行业年平均利润相

比，差了8%。听了众人的意见后，蓝辛决定不去收购泰德。事实证明，这是一项非常正确的决策。

德鲁克强调领导者做决策时，要鼓励大家发表看法，重视并尊重不同的意见，从不同的角度、观点与判断中进行选择，并对选择的结果负责。在这个案例中，其实凸显了两个问题：一是领导者的决策力；二是企业内部专制与民主的制衡。

管理学大师西蒙提出“所谓管理，就是决策”的观点。他认为，管理实际上就是由一连串的决策所构成的，通过决策的制定、执行和反馈，最终实现管理的目的和全过程。

决策的方式有很多种，而“一言堂”的决策方式是效率最高的。但这种方式也存在一定的局限性。有唯一决策权的领导人一旦决策错了，会造成严重的后果。事实上，现在很多成功的企业家都在用“听大多数人的意见，和少人数商量，一把手说了算”的决策方式，其既能兼顾公平与效率，又能平衡专制与民主。

1.5.1 领导者自身的决策力

成功的企业家都拥有一流的决策力。以百度李彦宏为例，在2006年的一天中午，李彦宏邀请任旭阳一起吃饭。席间，他们谈论百度的形势以及未来方向。当谈到国际化时机时，李彦宏突然问任旭阳：“你觉得我们现在进军日本如何?”

任旭阳当时并没有头绪，但听完李彦宏的分析后，他开始明白，其实李彦宏早就已经对这件事情进行过深思熟虑了，他心里已经有了决策，且他的决策建立在一系列论据和推理的基础之上。

任旭阳很认同李彦宏的策略，但还是多问了一句："这将是百度有史以来最大的投资项目，怎么能保证决策的正确呢？"李彦宏提出了决策三步走：第一步，他们要广泛听取意见，充分调研；第二步，他们分头与公司相关的重要人员商量决策；第三步，即便最终还有分歧，请项目的第一负责人自己来拍板。

事实上，李彦宏采取的就是典型的"听大多数人意见，和少数人商量，一把手说了算"。可以看出，李彦宏的决策力是超前的，他并不是听了别人的意见后才有的决策，而是一开始就已经进行了高效调研，心里早就有了正确决策的雏形。听大家意见，真实目的是为了更进一步验证决策，对决策查漏补缺而已。

决策力是与生俱来的，还是后天磨炼的？作为企业的决策者，如何拥有一流的决策力？

斯坦福大学商学院教授奇普·希思和杜克大学研究员丹·希思两兄弟通过对决策领域的研究，提出决策力实质上是"表现得坚决果断本身就是一种选择。决策力是一种行为方式，而不是一种遗传特征。它使我们能够做出勇敢而自信的选择，这不是因为我们知道自己一定正确，而是因为尝试并失败要好过拖延和后悔"。奇普·希思和丹·希思两兄弟还提出了一种提高决策力的"WRAP"方法，见图1-2。

拓宽选择空间。对于企业所面临的问题，意识不到多选项的存在，是导致领导者思维狭隘，进而阻碍决策的重要因素。因此，领导者要对企业问题进行发散式思维，并进行多选项评定。领导者在思考多个选项中的其中一个选项时，要考虑多种选择因素，进行多角度分析。

把假设放到现实中检验。考虑到相反的情况，营造出一种使他人更愿意或更容易提出反对意见的环境，考虑这些反对意见，对自己的决策进行

图1-2 WRAP方法

反省。反省时，分别将决策进行缩小与放大。先分析细节，从细节处把握决策的正确性；再忽略细节，将视野拉大，从大局角度进行分析。

从长远考虑。考虑半年后、一年后、三年后、十年后、二十年后，甚至更长远的时间里，你的决策为企业带来了什么。

为一旦决策错误做出准备。对这项决策对未来所产生的非常坏到非常好这个范围内的结果进行考虑，预先揭示出决策带来的缺点与优势。为这个决策范围设置一个固定期限，在一定期限内实施决策。

1.5.2 建班子，定战略，带队伍

“听大多数人的意见，和少数人商量，一把手说了算”这种决策原则建立在志同道合、能力互补的核心决策团队基础上。一个只有领导者说了算的独裁式班子，会缺乏创新能力和团队凝聚力，不利于领导者做出正确

的决策。只有融合型领导班子，才能带领企业走得更远。

柳传志说过："管理就是做好三件事：建班子、定战略、带队伍。建班子排在第一位。第一把手建班子就是为了制约自己，重要的事情，要人人都知道。小的民营公司的一把手把财务控制在自己一个人的手里，什么事都不对别人说，这很容易造成相互猜忌和不团结。"

卓越的领导者会尽早搭建核心决策团队，依靠群策群力，广泛听取团队意见，在降低 CEO 压力的同时，也能够保证决策质量。足够强悍的决策团队也可以在 CEO 决策出现偏差时，进行及时纠正，避免错误决策带来的不必要的损失。团队群策群力还可在很大程度上避免公司出现山头政治，减少团队成员之间的冲突，保证决策的执行效率。

在企业如何搭建一个团结并有着高素质的决策班子方面，柳传志在一次清华大学管理学院的演讲中，给出了 3 条措施：

"第一，当班子成员素质比较低或者能力不是很强的时候，或企业规模比较小的情况下，可以采用指令性的工作方法，就是一把手说了算。这就要求一把手应该想得更多，拿出主要的权力来，以你说的为准。

"第二，当班子的成员也逐渐成熟起来时，一把手可以将指令性方式变成指导性方式，就是大家一起来讨论，班子成员应该参与发表意见。你先提个意见，大家再针对你的意见来讨论，最后定下统一决策。

"第三，如果再进一步发展，像到了联想今天的规模，干脆就是参与性的方式，也就是将要解决的事情谈清楚，大概是什么情况，然后以班子里其他成员的意见为主，作为一把手则只是积极参与。总之，用这样的方法就会不停地提高企业员工的素质，也会使有能力的年轻人一层一层地涌现出来。"

EQ

第2章

团队管理：聚人气，拢人心，促执行

高效的团队管理能最大程度地提升团队成员的工作热情，挖掘团队成员的创造力，加深员工的忠诚度，使员工拥有高效的执行力。而员工以及团队富有激情的工作状态，又会使得组织富有生命力和创造力，运转更加顺畅，从而拥有一流的竞争力。

2.1 为什么唐僧式团队才是无敌团队

> 我们认为世界上最好的团队是唐僧团队。唐僧是领导，也是最无为的一个，唐僧迂腐得只知道“获取真经”才是最后的目的；孙悟空脾气暴躁却有通天的本领；猪八戒好吃懒做但情趣多多；沙和尚中庸但是任劳任怨挑着担子。这样的团队无疑比“一个唐僧三个孙悟空”的团队更能够精诚合作、同舟共济。
>
> ——马云

《西游记》中的唐僧团队，唐僧是最高领导，下属有孙悟空、猪八戒、沙和尚、白龙马。这个团队从个体来看，大家都是不完美的。唐僧磨磨唧唧，除了念叨“取经”，没有什么本领；猪八戒懒散、自私、贪财贪色；沙和尚和白龙马踏踏实实，但也没什么大本领；唯一有本领的就是孙悟空，但是孙悟空性子急，脾气大。

当然，这个团队也有它的优势，大家优势互补。领导有权威、有目标，员工们也都能发挥各自的长处，为西天取经贡献力量。因此，虽然历经九九八十一难，最终还是取得真经，修成正果。

唐僧团队虽然是艺术加工化的，虚拟化的，但一直被很多企业家推崇。阿里巴巴的马云在一些公众演讲中，曾多次提及唐僧团队。他说："我们认为世界上最好的团队是唐僧团队。唐僧是领导，也是最无为的一个，唐僧迂腐得只知道'获取真经'才是最后的目的；孙悟空脾气暴躁却有通天的本领；猪八戒好吃懒做但情趣多多；沙和尚中庸但是任劳任怨挑着担子。这样的团队无疑比'一个唐僧三个孙悟空'的团队更能够精诚合作、同舟共济。"

马云认为，一个理想的团队就应该有这样四种角色：德者、能者、智者、劳者。德者领导团队，能者攻克难关，智者出谋划策，劳者执行有力。

那么，作为团队的领头羊"德者"，是如何将能者、智者和劳者组合在一起，打造出一支无敌的团队呢？

2.1.1 统一的价值观、使命感、目标

一些领导者认为，对于公司这种以盈利为目的的商业化组织来说，资金、业务范畴、人才储备、商业模式、市场机遇是最具决定意义的因素。有一些成长型公司因为重视这些因素，获得了巨大成功。但是，如果想成为世界级的公司，或者让公司活得更久，这些因素显然都得退居次要位置，而排在第一位的是团队管理。而团队管理的核心则是：统一的价值观、使命感和目标。

马云在一次演讲中说："一支团队能支撑着走到现在，靠的就是价值观、使命感。企业文化是空的、虚的，没有支撑着的东西是无法前进的。"

马云认为，"目标""价值观""使命感"是企业生存之道。阿里巴巴

在发展初期，为了统一思想，曾做过三件大事，马云将其称为“延安整风运动”“抗日军政大学”和“南泥湾开荒”。这三件事之后，最终确立了阿里巴巴的愿景目标、明确的使命感以及与使命感相匹配的价值观（见图2－1）。

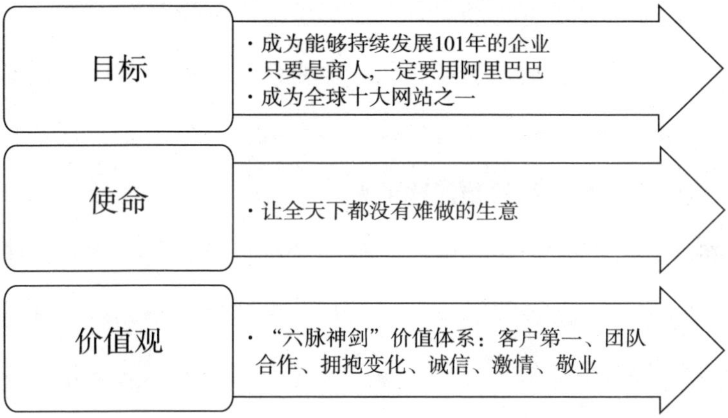

图2－1　阿里巴巴的目标、价值观、使命感

正是在这种统一的目标、使命与价值观的指导下，阿里巴巴团队才拥有同一种颜色的灵魂，他们上下一心，优势互补，他们怀着最忠诚的文化和最强有力的信念，向着共同目标全速前行，一步步缔造出强大的“商业帝国”。

2.1.2　人情与制度并用

在唐僧团队中，唐僧为每位徒弟都戴上一个紧箍咒。每当徒弟犯了错，他就念紧箍咒。纵然是无法无天的孙悟空，也惧怕这种惩罚。如果唐僧没了这个紧箍咒，估计孙悟空早就不听使唤了。当然，在最初，孙悟空很瞧不起唐僧这种惩罚方式，也不尊重这个师父。但是唐僧用自己的善良、大度、执着与关怀感化了徒弟们，使大家心甘情愿、死心塌地保护自己西天取经。

从企业的层面来讲，这个紧箍咒相当于企业的规矩、制度。领导者用制度来约束员工的行为，并用制度来制定奖罚措施。但要注意，在大是大非面前，使用制度赋予权力的同时，不要滥用这种权力。

领导者需注意，人情与制度并用。要明白“攻心为上”的道理。员工凭什么死心塌地跟着你拼事业？仅仅是为薪酬？当然不是，比起物质方面的酬劳，他们更愿意追随的是你这个人。

作为领导者，需要对员工进行一定的情感投资，诸如多与员工交流工作中、生活中遇到的问题，关心员工的身体健康甚至是家庭情况等。这些都能在无形中提升你的领导魅力，使员工愿意与企业同心同德，发挥出自己的潜力，为企业贡献自己的力量。

2.1.3 擅用人之长

在唐僧团队中，唐僧非常清楚大家的才华。孙悟空本领大，路上降妖除魔的任务就归他。猪八戒缺点一大堆，却能活跃整个团队气氛，是大家的开心果，当然，猪八戒打起妖怪来也不会心慈手软。他有时候会直言不讳说说孙悟空，在一定程度上也协助了唐僧的管理工作。而沙和尚为人忠实，吃苦耐劳，挑担子、喂马等后勤的活儿归他管。他的确也是个好管家，任劳任怨，心思细腻，考虑周到。可以说，在这个团队里，唐僧将团队成员的长处发挥到极致。

管理咨询师马库斯·白金汉通过长期对大量职业经理人的调研发现一个道理：“平庸的经理人下跳棋，伟大的经理人下象棋。跳棋的棋子走法相同，可以彼此替换；象棋的棋子走法各异。伟大的经理人了解而且重视员工的独特能力甚至是古怪之处，知道如何整合他们，协调作战。”

松下幸之助手下有一位叫作中尾哲二郎的经理，他就是松下先生擅用员工长处的佐证。中尾哲二郎原本是松下公司下属的一个承包厂雇用来的员工。一次，松下幸之助去此厂考察。这个厂的老板告诉松下幸之助：“这个家伙除了会发牢骚，什么活儿都不爱干。我们这里的工作，他没有一样看得上眼的，而且净说些风凉话。”松下幸之助却觉得这样的人也有可取之处，只要给他换个合适的环境，采取适当的使用方式，爱挑剔的毛病有可能变成敢于坚持原则、勇于创新的优点。

于是松下幸之助决定给这位员工一次机会，让他进入松下集团。中尾哲二郎果然没有让松下幸之助失望，在进入松下公司后，他充分发挥自己的长处，表现出旺盛的创造力，成为松下公司的一位卓越领导者。

作为领导，用人时，不要看对方有什么缺点，而是要看他的长处在哪里。正如管理大师德鲁克所说：“发挥人的长处，才是组织的唯一目的。才干越高的人，其缺点往往也越明显。但是我们可以筹划一个组织，使人的弱点不致影响其工作和成就。换句话说，筹划一个组织，关键着眼于人的长处。”

2.2

产品第二，团队第一

> 我过去常常认为一位出色的人才能顶两名平庸的员工，现在我认为能顶50名。我大约把四分之一的时间用于招募人才。
>
> ——乔布斯

决定一家公司成败的最为关键因素是什么？很多人会认为是产品。他们始终将产品放在第一位。实际上，团队才是最具有决定性的因素。有好的团队，才能在产品设计、营销推广或是售后服务方面更加专业、更加优秀，才能创造出最好的产品。如果团队建设不成功，好的产品也无从谈起。

苹果始终将“人”放在第一位，为了创造出独一无二的苹果产品，乔布斯一生中绝大部分时间都在找人。乔布斯说：“我过去常常认为一位出色的人才能顶两名平庸的员工，现在我认为能顶50名。我大约把四分之一的时间用于招募人才。”

据说，乔布斯一生大约参与过5000多人的招聘。组建由一流的设计师、工程师和管理人员组成的“A级小组”，是乔布斯最为核心的工作。

在管理界，乔布斯的这种做法，到后来发展成为风靡全球的“乔布斯法则之一”。

小米的雷军就是乔布斯法则的身体力行者之一。他每天花费一半的时间用来招募顶尖人才。小米的一位技术总监曾打趣道：“我加入小米并不是被雷军感动，而是因为他一次次找我面谈，每次面谈都很长时间，让我体力承受不了，最后实在谈不下去了只好答应。”

但是，团队的核心成员即使是最顶尖的人才，也不一定能创造出顶尖的产品。经营团队也是一种艺术，就如同画画和谱曲一样，需要讲究搭配、调和。最合适的人只有在做最合适的事情时，才能充分发挥其潜质，使公司逐渐走向卓越。

2.2.1 最合适的人做最合适的事

优秀的团队成员本身就具有很强的内驱力，领导者只需要将他放在他喜欢做的事情上，让他做他想做的事情，就能充分发挥其潜能。

小米黎万强认为，对于小米来说，合适的员工要有创业心态，对所做的事情要极度喜欢。员工有创业心态就会自我燃烧，就会有更大的主动性，这样就不需要设定一堆的管理制度或 KPI 考核。小米的一位员工每天工作接近 12 个小时，在谈到加班问题时，这位员工说：“坚决反对加班……但是如果是创业就算了。创业意味着工作就是生活……何来加班？我每时每刻都在工作。”

小米员工的“创业心态”，通俗说就是“对工作的热爱与激情”。只有让员工做自己最喜欢的事，才能充分调动员工对工作的热爱与激情。只有员工的能力与职位相匹配，才能发挥出团队的最佳战斗力。让最合适的人做最合适的事，说起来简单，其实也有一定的难度。

就连阿里巴巴的马云在这方面都犯过一些错误。马云曾回忆说："阿里巴巴在发展过程中犯过许多错误，其中就有请来'能人'，却无法给他们安排合适职位的错误。一些来自500强企业的管理人员也曾加盟阿里巴巴，结果却因为'水土不服'，无法给阿里巴巴带来预期的效果……就好比把飞机的引擎装在了拖拉机上，最终还是飞不起来一样。我们在初期确实犯了这样的错。那些职业经理人管理水平确实很高，但是不适合。"

团队不同的职位，会有不同的能力要求。只有将员工的能力与职位相匹配，让他做自己愿意做的工作，做适合自己的工作，才能充分发挥员工的长处。那么，如何让最合适的人做最合适的事呢？

首先，作为领导者，要了解团队成员的职务和工作内容，这样才知道团队需要什么样的人才。没有人比公司的管理者更熟悉各个岗位的能力要求，因此，管理者选择的团队成员，都必须是在各个岗位上最合适的人选。小材大用或大材小用，都不是理想的用人标准，适合某种工作要求的人才，才是合适的人才。

其次，管理者要了解团队成员的能力、优势及劣势，这样才能充分发挥员工的优势，将其安排在合适的岗位。一位擅长产品开发的工程师并不适合去做产品推广员；而一位产品运营经理可能并不擅长产品前期的开发研究工作。管理者要充分提升团队的执行力，必须明白只有激发每个团队成员各自的长处，避其短板，才能将能力转化为执行力和生产力。

2.2.2 提升团队成员的幸福感

在美国，谷歌曾多次获得"最佳雇主"的殊荣，谷歌也曾多次被认为是最幸福的公司。在谷歌，每位员工的脸上都洋溢着幸福的感觉，这里的每一位员工都是团队最重要的一员，他们秉承“平等互敬”的团队准则，将团队合作与创新看作团队的基本信条。

谷歌的员工可以带着小孩和宠物上班，也可以随意装扮办公桌。他们可以穿着很另类，从来不用担心上司会皱眉头。谷歌的 CEO 没有自己专属办公室，而是和员工们在一起办公。谷歌还有足够的休闲娱乐供员工放松压力，舒缓情绪，健身强体。在谷歌，员工还有 5 个月的产假、免费美食、现场洗衣店、配备 WiFi 无线功能的通勤班车等各种津贴。

谷歌慷慨得甚至有点过分，就连员工死后的事情都考虑到了。2012 年，《福布斯》杂志披露了一项谷歌以前从未对外宣布过的额外津贴——当一名员工身故以后，这家公司会在随后的 10 年时间里向其配偶或其他家庭成员支付这名员工薪水一半的补贴。

此外，谷歌在员工的职业技能培训、薪水奖金涨幅、提升员工工作能力等方面，一直也是非常具有诱惑力的。谷歌营造的就是一种“大家庭”的氛围，很多人的梦想就是进入谷歌工作。

把企业当作家经营，是谷歌成功的秘诀之一。著名作家托尔斯泰曾说：“幸福的家庭是相似的。”那么也可以说，成功的企业也是相似的。作为卓越的企业领导者，如何将“团队第一，产品第二”做到极致？在这一点上，不妨效仿一下谷歌的做法。

首先，在公司的制度和福利上采取一些使团队员工“感动”的措施。比如，如今的大型企业，均开始为员工提供员工宿舍，开设工厂幼儿园，甚至为忠诚的员工修建养老公寓等。在员工的薪酬方面，采取股权合伙人激励制，使员工不再为企业打工，而是为自己工作。

其次，要发自内心地关心每一位团队成员。海底捞的一位总部领导曾说：“一定要关心每一位员工。你可以不用他，但是不能不爱他，不能不关心他。”作为领导，平时多关心你的员工。在工作方面，不仅要为员工提供更多的学习、培训等成长的机会，而且要为员工提供完善的晋升体制。在生活方面，也要像关心亲人、朋友那样，去关心员工。在员工有困难的时候，主动帮助员工。

在物质激励和精神激励的双重作用下，员工一旦被感动，就会以更高的热情投入到工作中去，团队的执行力也大大提升。

2.3

给员工戴上“阳光准则”这个紧箍咒

> 很多人说女性领导者，更人性化；我说没有“人性化”的管理，管理只有一种，就是制度，不分男女。管理是企业的根基。
>
> ——董明珠

波兰的一位作家莱蒙特说过：“世界上的一切都必须按照一定的规矩秩序各就各位。”企业如果想发展壮大，也必须有一套尽可能完善、明确的管理制度，对员工的日常工作行为进行约束和指导，使公司有条不紊地运转。

格力总裁董明珠相当重视公司的制度建设，她认为，坏的制度使人变坏，好的制度使人变好。她说，很多人说女性领导者，更人性化；我说没有“人性化”的管理。管理只有一种，就是制度，不分男女。管理是企业的根基。

企业的管理制度是对企业管理活动的制度安排，包括公司经营目的和观念，公司目标与战略，公司的管理组织以及各业务职能领域活动的规定。企业的管理制度是员工在企业运行活动中必须共同遵守的规定和准则。企业的管理制度是企业文化的具体体现，是企业运营体系中的监督者，是提升企业员工效能的根本所在。企业的管理制度有这样三大特征，见图2－2。

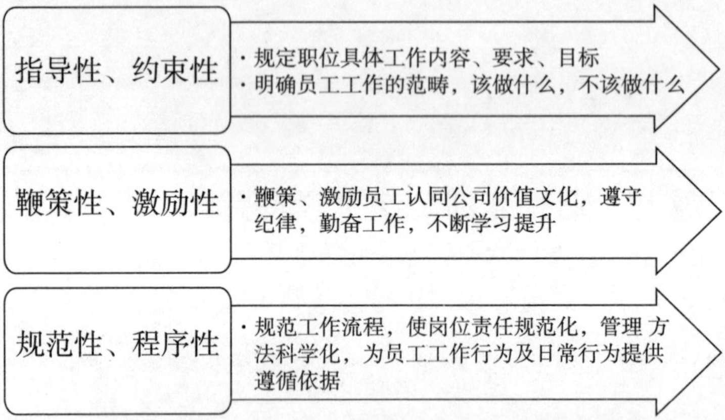

图2－2　企业管理制度的特征

企业管理制度作为员工行为规范的模式，能使员工个人的活动得以合理进行，同时又成为维护企业与员工之间共同利益的一种强制手段。企业管理制度使得企业运行更加规范化，标准化，高效化。此外，制度管理还能减少决策上的失误，全面提升企业的竞争力。

2.3.1　将价值观内化为制度规范

企业的价值观文化引领企业的方向，企业的制度驱动企业前行。企业价值观文化与制度的关系，是源与流、树根与树干的关系。价值观文化是企业的灵魂，可产生自然的影响力，引导员工的思想，驱动员工的行为。

如果企业文化建设不以制度的形式表现出来，就很容易看起来神圣，但却没有真正发挥效用。要想使企业价值观文化深化企业管理效果和企业经营业绩，必须让企业价值文化“挂在墙上，说在嘴里，用在行动”，即不断完善企业价值文化，并将它内化为一条条具体的管理制度。

腾讯倡导“正直、进取、合作、创新”的价值观，秉承“一切以用户价值为依归、发展安全健康活跃平台”的经营理念。在腾讯，价值观的第一条就是“正直”，它是评判是否为合格腾讯人的首要标准。

为了确保贯彻企业价值文化，使“知言行”高度统一，腾讯发布了《员工阳光行为准则》，明确了“腾讯高压线”。“高压线”是腾讯文化价值观所不能容忍的行为界线。腾讯对员工最为基本的要求就是，遵守《员工阳光行为准则》，远离“高压线”。“高压线”主要内容为：

（1）涉及信息、数据、费用的弄虚作假行为；

（2）收受贿赂或回扣的行为；

（3）泄漏公司商业机密或泄露、打探薪资等保密敏感信息的行为；

（4）从事与公司有商业竞争的行为；

（5）与公司存在利益冲突或关联交易的行为；

（6）违法乱纪行为。

腾讯的员工行为一旦触及“高压线”，一律诉诸法律处理，并给予员工解聘处理。在2013年6月，腾讯的某位员工通过拍拍店铺虚拟商品交易将公司每月发放给员工的10元拍拍体验券兑换为9元现金，从中获取10%的利润。

这位员工的行为，不仅涉及了“从事与公司有商业竞争的行为”，还违反职业道德，属于不正当交易行为。依据《腾讯员工奖惩制度》与《员工阳光行为准则》中对“腾讯高压线”的规定，腾讯给予该员工解聘处理，以严肃的态度保护公司的价值观和经营理念。

2.3.2 管理要以制度为准绳

在管理中，经常会遇到这样的问题：制度一条条清晰有力，但执行难落地。

比如，某家公司的制度规定15号发工资，每月1号上报考勤，超出一天扣相关人员100元/天。但在具体执行时，虽然各部门很是踊跃，但财务这里总是有很多的借口拖延工资，这就导致制度形同虚设。

其实，公司制度难以执行落地，或者缺乏权威性，很大原因在于公司的高层虽然制定了制度，但从某些方面来说，却也是制度的破坏者。他们享有特权，蔑视制度。这样下去，员工不服，制度也自然难以落地。还有一种情况是，公司管理层对制度的管束力度远远不够。如果足够“狠”，制度落地就很容易。

董明珠在央视《开讲啦》节目主题演讲“女人，对自己狠一点”中，讲过一段关于制度的话题，节选如下：

第二个狠的例子又是什么呢？我不仅说对自己要求严，回来当部长后我才发现，公司里面有那么多的问题。到了旺季，不要说这些开票的人有权力，连我们的搬运工都有权力，你想先上货吗，先送给我一箱水。甚至于发展到后面，你肯定要送点好处给人家，谁给我好处多我就给谁先发货。这是公司面临最严重的问题。你们可以想想当时，这样的一个状态，这个企业还能不能有生命力？

很多企业请成龙代言以后，为什么垮掉了？不是因为成龙代言垮掉的。我认为那个企业最起码的，它没有完整的制度。所以有人说，董姐以前非常好说话，怎么回来当了部长摇身一变，对我们这么厉害。厉害到什么程度，我们所有的女性是不准戴耳环、戒指，不可以留长头发，要是长头发必须盘起来，否则不可以上班。

大家很奇怪，你董明珠有什么理由要这样做？因为我当时在一盘散沙的条件下，要让他们有一种集体的观念，所以首先从行为上来约束他们。我当时立马做了一个规定，上班不准吃东西，不准窃窃私语，不准互相交流讲话。如果没有事，你唯一干的就是你给我看书。我们的内勤人员就觉得这只是说说而已嘛。

有一天，我从别的办公室走到内勤办公室后，大概只有 5 秒钟的时间，我们下班铃声就响了。但是在这 5 秒响之前，我看到手下的这些员工在吃东西。当时我就罚了他们的款，然后他们又找了一个理由说，我们也没有办法，是某某人带来给我们吃的，你要罚不能罚我们。我说那更好，那你们就罚 50 元他就罚 100 元。

我们那个罚 100 元的员工，家庭条件是非常困难的。那时我们的工资才多少呢，在家做后勤只有 800 元一个月，罚 100 元，对他来说是很大的一个数字。

下班以后，我从我的口袋里拿了 100 元给他，并告诉他说那罚款跟这 100 元不是一回事。那个款已经上交了，这是我给你的 100 元，是因为你家庭困难，我给了你这 100 元，但不等于是把这 100 元的罚款还给你。通过这样的处罚，让公司员工意识到了应该怎样遵守制度。

2.4

将普通员工打造成最合适的那一个

> 我们跟谷歌有点不一样。谷歌喜欢世界上一流的人才，我认为世界上不存在一流的人才。
>
> 阿里巴巴喜欢平凡的人，认为自己是一个平凡的人，愿意学习。这就是我们需要的人才。
>
> 因为我们做的是前人没做过的事情，大家一起来学习，一起来努力。
>
> ——马云

在用人方面，只有用对的人，做对的事，才能使每个人在工作中充分发挥其才华，才能使企业充满活力。关于如何用人，用什么样的人，如何驾驭用人之道，成功的领导者们都有自己的一套方法。

拿马云与王石的用人之道来说，他们都不喜欢选择世界级的“顶尖人才”，而更愿意选择“平凡的人”。

马云说：“我们跟谷歌有点不一样。谷歌喜欢世界上一流的人才，我认为世界上不存在一流的人才。阿里巴巴喜欢平凡的人，认为自己是一个平凡的人，愿意学习。这就是我们需要的人才。因为我们做的是前人没做过的事情，大家一起来学习，一起来努力。”

王石认为在用人方面，有两点坚持：一是“用人不疑，疑人不用”；二是少用能人。“这种人作为发明家是好样的，作为创业家也会是好样的，但作为企业的领导者却不合适，因为能人喜欢打破常规，不喜欢遵守规章制度。”

马云和王石的用人思路都是以“位得其人，人尽其才，适才适所，人事相宜”的原则为导向的。在这种导向的指引下，能充分激发出员工的工作热情和工作潜力，促使企业持续、稳定、快速发展。

2.4.1　不要一流人才，只要最合适的人

2013年，马云在美国加州斯坦福大学参加“对话硅谷精英”的活动上，有人提出了一个问题，“在阿里巴巴创业前期与中后期，阿里巴巴有着怎样的选人、用人标准?”

马云回答：“永远要找对事情特别感兴趣的人，而不要找最懂的人，尤其是在做一件前人没有做过的事情时，你要找到有兴趣、愿意学习的人，而不是找最懂这方面的人……我们跟谷歌有点不一样。谷歌喜欢世界上一流的人才。我认为世界上不存在一流的人才。阿里巴巴喜欢平凡的人，认为自己是一个平凡的人。愿意学习，这就是我们需要的人才。因为我们做的是前人没做过的事情。大家一起来学习，一起来努力。”

阿里巴巴的“不要专家，不要一流人才”的选人、用人标准令人费解。实际上，马云在做出这样的选人、用人决策之前，也曾经历过一段曲折。

在阿里创业初期，马云曾对跟随自己创业的老员工的能力充满疑惑，他觉得公司不断壮大，这些人只能做中层，不能做到高层。他曾直言不讳地说："你们可以做到中层，但无法胜任高层管理。"

当时的马云在取得了高盛500万美元的融资后，从海外知名院校请了一大批MBA。马云原本以为这群世界精英能带领阿里巴巴走向一个新的高度，但后来他发现根本不是这么回事。他花大价钱请来的"海归""高学历人才"在实际的管理工作中，并不如自己的团队成员那样能干。他们擅长"纸上谈兵"，动不动就是一些大的未来规划，他们提供的项目营销预算一度让马云吃惊，耗资巨大，并不实用，也不能帮阿里巴巴盈利。一段时间后，马云开始逐步"请走"这些世界级精英，最后仅留下5%。

马云后来总结，在用人方面，所谓的精英分子未必适合企业，而平凡人在一起也可以做出不平凡的事。这种理念后来就成为阿里巴巴一直坚持的选人和用人原则。

正是因为这种与众不同的用人理念，才使得马云的阿里巴巴能够在群雄中突围，并逐渐脱颖而出。

2.4.2 以员工培训打造合适员工

美国人力资源教授斯塔尔认为，员工培训要达到四个目标，即：通过培训使员工更好地进入角色，融入组织；通过培训传播工作方法、制度、技术等，引进新的管理理念，提升员工的绩效；通过培训提升员工的自身素质和能力，使员工自我价值不断拓展；通过培训使管理层发现企业更多问题，调整思路，改进管理水平。

企业为了实现培训目标，将培训进行合理、有计划、有系统的安排，从而形成一个完整的培训体系。一个完整的培训体系包括：培训课程体系、培训讲师管理制度、培训效果评估和培训管理体系四部分。完善的培训体系主要特点为：内部资源丰富、培训形式多元、领导支持力度高、员工认同度高、培训成效卓越。

马云由于创业时期受到招聘 MBA 带来的教训，所以一直对 MBA 有一些意见。马云认为，重视企业内部培训，将平凡人打造成最合适的人，这才是企业正确的用人策略。

阿里的一位员工在描述马云的人才观时，说："马云通过团队培训潜移默化的训导，让员工在他的价值观和公司的体系面前选择。否则能力再强，也不能待在阿里巴巴。"

在阿里巴巴，员工们不仅有高标准的部门业务指标 KPI 考核，还要接受公司安排的各种培训。比如阿里课堂、阿里夜谈、阿里夜校、百年大计、百年诚信和百年阿里等，在制度层面都要求员工必须修满科目学分。

2008 年，马云在湖畔学院的讲话中说："我觉得用人的最高境界是提升人。职业经理和领导者的区别是什么？我招到一个好人，把他放到一个合适的位置上，这是很正常的。但是最高的一个境界是我们还没有达到的、正在追求的境界，就是我招了一个人，在用的过程中培养他，越养越大。"

这种超越伯乐的管理思维，为阿里团队成员的成长形成了良好的体制与机制，使得阿里团队的员工通过培训，在价值观层面与阿里越来越合拍。当平凡人打造成最合适的人之后，团队的战斗力、执行力都是一流的。

2.5

用人要疑，但要制度性地怀疑

> 从管理学的角度，每个人都是可疑的，包括我自己。一定要清楚，我们都是凡人。每个人都有正义邪恶、善良丑陋、向善向恶、宽容嫉妒两个层面。用人要怀疑，但是是制度性地怀疑。像企业的管理制度、人事制度、财务制度、合同审查、离职审计等，不就是要限制领导者和员工不犯错误，或者及时发现、纠正错误吗？
>
> ——王石

“用人不疑，疑人不用”可谓是千百年来用人之道的金科玉律。但这种用人之道弊端颇多。纵观各国各大企业家的成功史，一些经营者大肆使用家族亲信，因为这些人令自己放心。因为过于信任，从不怀疑，所以对其工作不予过问。等这些人闯了大祸，这些经营者便开始悔不当初。还有一些经营者对某些人才存在偏见，于是从不重用，这也最终导致了人才的凋敝。

如今，企业在用人方面，已经摈弃传统的“用人不疑，疑人不用”的思维，更多商业大佬秉持“用人要怀疑”“疑人也要用”的观点。

“用人要怀疑”是指在不了解某位员工的情况下，本着对企业对这位员工负责的态度，疑问在先，把可能产生的风险降到最低。“疑人也要用”是指在员工的人格、能力不确定的情况下，本着保护人才、爱惜人才的目的，观察他，大胆选拔和使用他，给他发展的机会。

马云在卸任阿里巴巴 CEO 前的最后一次公开演讲中，说了这样一句话：“以前讲用人不疑，疑人不用，现在要讲究‘用人要疑，疑人要用’，信任是结合了用人不疑、疑人不用、用人要疑和疑人要用四个方面。”

张瑞敏也批判“用人不疑，疑人不用”是小农经济的思想产物，是导致干部放纵自己的理论温床。如果只用而不疑，企业迟早必乱；如果只疑而不用，企业人才必定越来越少。”

王石也说：“从管理学的角度，每个人都是可疑的，包括我自己。一定要清楚，我们都是凡人。每个人都有正义邪恶、善良丑陋、向善向恶、宽容嫉妒两个层面。用人要怀疑，但是是制度性地怀疑。像企业的管理制度、人事制度、财务制度、合同审查、离职审计等，不就是要限制领导者和员工不犯错误，或者及时发现、纠正错误吗?”

“用人要怀疑”“疑人也要用”是建立在完善的制度管理与监督的基础上的。如今，企业在用人方面，单靠人才自己的约束显然是不够的，企业必须在制度层面对其进行“怀疑”，进行监督，使制度更好地约束和规范人才的行为和品性。

企业在用人方面，既要有有效的激励机制，又要有完善的约束监督机制。这样，企业在用人方面才能人尽其才。

2.5.1　从制度层面完善用人约束监督机制

在很多企业，选人用人方面都是董事长或总经理说了算。这种不规范的用人机制既不可能坚持正确的用人标准，也做不到公平公正。当然也很难选到真正优秀的人才，企业对人才毫无吸引力、凝聚力。企业必须建立导向正确、优胜劣汰、公正公平的用人机制，从制度层面对企业用人进行约束、监督、指导，才能保证企业的人才资源持续健康发展。

万科董事长王石在用人方面很有一套。王石一直倡导“假定善意”的用人理念。在企业管理方面，这种理念表现为，在道德层面假定善意，但在制度层面假定恶意。而这个制度上假定恶意是指在未出现问题时明确监管，出了问题后按照这个制度去解决。

王石认为，人性是复杂的，企业用制度来约束员工的品行，能减少员工负面情绪的释放。万科的制度最为突出的是以下两方面，见图 2－3。

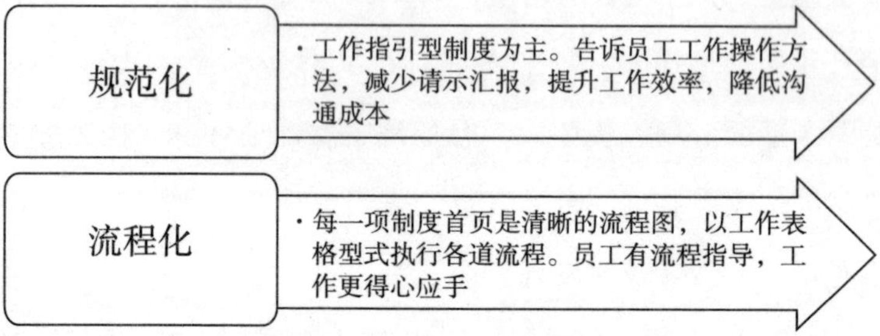

图 2－3　万科制度特征

万科用人方面的制度也充分遵循这两点。以总经理任职为例，王石说：“在万科，一位总经理在公司只要连任超过 3 年，一定会有一段临时审计，因为我们一般是 3 年调换。让你到公司总部学习 20 天，这 20 天派一个临时总经理进入。这个时候就需要有一个制度为参照，如果没有这个制度为依据，大家都含情脉脉：我相信你、信任你，你就不能辜负我的信任……这就不是一个企业了。”

王石在以制度约束管理员工的同时，也允许员工有基础性的失误，宽容员工所犯的错，让员工在试错中一步步走向优秀。

王石要求万科用人需要做到“机会均等原则，亲属回避制度，人与人之间关系简单化”。王石还主张“少用能人”。他说，“所谓能人，能人所不能，这种人作为发明家是好样的，作为创业家也会是好样的，但作为企业的领导者却不合适。因为能人喜欢打破常规，不喜欢遵守规章制度。而且能人在企业发挥作用时，对企业的伤害也是很大的。”

2.5.2 给怀疑，更要给信任

企业在用制度约束监督员工行为的同时，也要给员工一定的晋升和发展机会。企业在“怀疑”的基础上，更要给予员工充分的“信任”。即便是一些拿捏不准的员工，也要用他，给他一定的发展空间，并允许他犯错。这样，员工才能在公司稳定踏实工作，才能给公司带来更大的效益。

企业家柳传志在用人方面秉承“既要怀疑，又给信任”的理念，考验员工的能力与忠诚度，使员工从不断“折腾”中获得极大成长，进而推动企业的发展。

柳传志用人非常谨慎，只用有把握的人。而对于这些有把握的人，仍持“怀疑”态度。在培养杨元庆和郭为的时候，让他们一年换一次岗位，在不同的环境中锻炼自己，成为全才。柳传志说：“这个部门他能做得好，是不是能充分地研究为什么做得好。换了一个部门，还能做得好，还能讲出道理。换了第三个部门，依然如此的话，这个人可以升了，可以承担更大的责任了。如果没有的话，仅在一个部门做得好，就往上走，这里面有偶然性。”

柳传志也允许人才试错，给人才在错误中成长的机会。2001 年 3 月，柳传志给了朱立南3500万美元去做联想投资。柳传志说过，他其实并不知道朱立南能做得怎么样，也没有十足把握，但他觉得这个学费应该交。即便是朱立南没有做好，但这钱并不会对联想造成多大的损失。柳传志并非没有疑惑，但疑人也要用，在谨慎与风险控制的基础上，他愿意付出代价来换来人才的成长。

2.6

用虚拟小组促进跨部门合作

> 你比如说我们O2O项目，我们就成立了一个虚拟小组。O2O牵扯到公司的仓储、配送部门、客服部门、财务部门，这样我们临时把所有部门的员工集中在一块办公。这个项目结束之后，一旦上下运营稳定，每个人再回到各自部门，还是向自己的老板汇报，这样就把这个事情做成了。
>
> ——刘强东

虚拟小组的概念，最早产生于二战时期法国军队中。Jedburgh团队是早期虚拟小组的雏形，小组成员受雇于法国，他们都是高学历的研究人员，他们通过远程工具，在全球范围内，在不同单元之间完成规划，相互协调，实现智力共享。二战结束后，Jedbrugh团队成员开始步入商界。传统企业管理中的虚拟小组概念也开始出现。

进入20世纪之后，世界500强企业普遍采取虚拟小组的团队项目管理方法。所谓虚拟小组，并不是企业里正式的团队组织，而是围绕某项特定的任务，从各部门选择一些能够完成此项工作的人，临时组成的一个工作团队。大家围绕既定的共同工作目标，一起讨论、组织、实施和提交工作成果。虚拟小组成员并不脱离原来的部门，原部门安排的工作还要继续做。虚拟小组成员继续遵循公司现行的管理体制，但因为参与了其他项目，在绩效考核方面会有一定的体现。可以说，虚拟小组具有四点特征：共同目标、地理位置的离散型、信息化的沟通方式和宽泛的组织边界。虚拟小组式团队管理模式有如下优势，见图2－4。

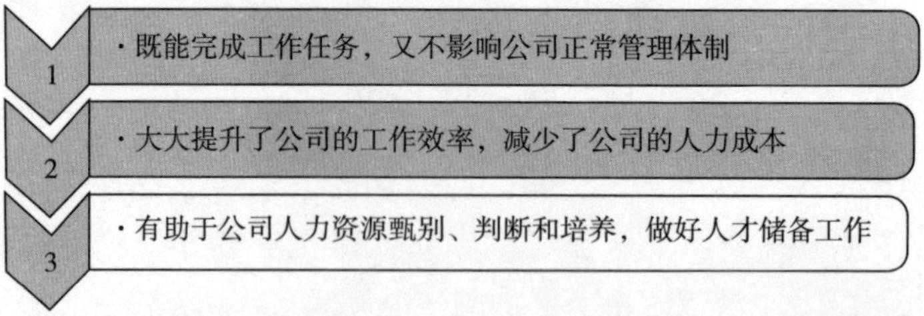

图2－4　虚拟小组团队模式优势

领导者要想充分发挥虚拟团队的能力，使其取得预期的工作效果，就要做到：在开展项目之前，建立清晰的虚拟小组工作目标，将工作任务进行量化；在团队成员的选拔方面，选择那些具有较强的沟通能力，思维开阔，技能过硬的成员；识别虚拟团队成员在工作中需要克服的协作障碍，积极进行化解，使团队保持积极的互动和行动倾向；建立危机预警机制，如发生危机时，团队成员应该与谁联系，让谁决策等；建立虚拟团队共享空间，超越工作范畴，实现团队成员之间的互动。

2.6.1　以虚拟小组构建“小而美”组织

随着信息技术的不断发展以及全球化市场的形成，企业在面对很多业务问题时，已经很难以单一的团队组织来面对全球性的激烈竞争。因此，管理变革需要“从正规军到野战军”，即由常规组织过渡到虚拟项目小组这种“小而美”的组织形态。

虚拟项目小组有着强大的生命力和适应性，它可以使企业准确有效地把握住稍纵即逝的市场机会，还可以保持企业组织文化的开放性，避免企业组织官僚化和流程化。

根据2014年第一季度末的统计，京东员工人数为5.01万人。在这些人中，既有大批的博士、硕士，又有非常接地气的配送员。如此庞大的互联网公司团队，京东在管理方面有什么独到之处？

京东的虚拟小组号称京东的秘密组织。在京东，为了解决跨部门信息沟通、协调问题，这种跨部门、跨体系的秘密组织每年会有几十个。

拿京东的O2O项目来说，刘强东在一次采访中说：“我们就成立了一个虚拟小组。O2O牵扯到公司的仓储、配送部门、客服部门、财务部门，这样我们临时把所有部门的员工集中在一块办公。项目结束之后，一旦上下运营稳定，每个人再回到各自部门，还是向自己的老板汇报，这样就把这个事情做成了。”

京东的虚拟小组形式最初源于京东内部的一次广告系统开发。刘强东认为，这次系统开发涉及到研发部、市场部、财务部和销售部等，如果大家都能够彼此协调，进行头脑风暴再出方案，就容易多了。但如果各个部门按部就班去做，用一年时间都不太可能完成这个项目。于是，刘强东想到以虚拟小组的形式来组建项目组。这个项目组只在一定时间做这个系统，成功了给一笔奖金，然后大家仍旧各回各部，待需要时，虚拟项目组再继续重启。

京东虚拟项目组这种“小而美”的虚拟组织是一种典型的战略性、生态型组织形态，它具有强大的竞争力。在以用户需求驱动的商业逻辑下，这种组织形态能在复杂的市场里把握一次又一次的机会，从而让企业走向强大。

2.6.2 虚拟小组效率提升要诀

尽管虚拟小组的概念看上去十分容易，但真正运作起来也不是件简单的事情。虚拟小组跨越了时间、空间和组织的界限，且不依赖任何一个有形的办公场所，而是靠现代信息通信技术来进行远程合作。

虚拟小组由于成员的分散性，使虚拟小组管理者的控制力度和及时程度有所减弱，容易造成工作上的拖延或达不到预期目标。虚拟小组成员之间因来自不同的部门、领域，面临文化差异大，信任水平低，独立感强，绩效评估和激励难，协调沟通困难。

在虚拟小组管理方面，是有一定难度的。那么，如何管理才能避免其劣势，发挥其最大的优势？不妨从以下五方面着手，见图2－5。

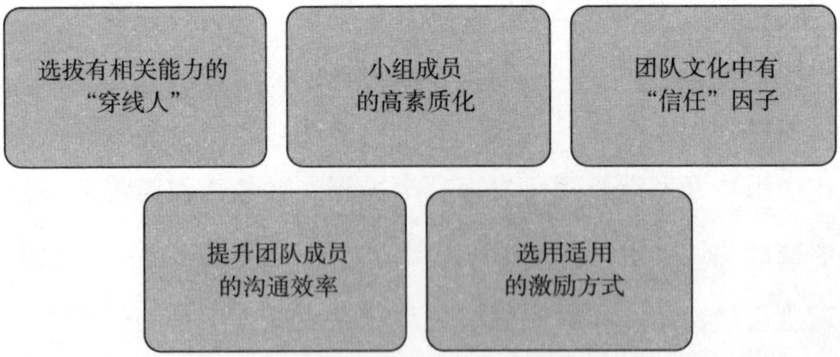

图2－5　虚拟小组管理的五个要诀

选拔有相关能力的“穿线人”。在虚拟小组中，领导不是监督人，而是能够协调成员间的关系以及团队与外界环境关系的“穿线人”。虚拟小组的领导靠原则而不靠政策管理团队，集中工具、信息、资源帮助团队改进工作，激发团队的能力、热情和潜力。

小组成员的高素质化。虚拟小组的成员必须是部门或行业的佼佼者，同时还精通各种交流工具，乐于分享，拥有良好的人际关系技能。这种高素质员工协作性更强，也更容易通过集体努力做出成绩。

团队文化中有“信任”因子。虚拟小组强调的是个体作用。因此，在企业文化层面，要认可并尊重个人技能、态度、行为、文化背景等，鼓励“知识分享”的氛围，使公司对团队信任，以及团队成员之间互相信任。

提升团队成员的沟通效率。应充分利用虚拟小组拥有的技术，建设尽可能广泛的沟通渠道，提升虚拟小组信息的有效沟通和共享能力。

选用适用的激励方式。适用于虚拟小组的激励方式首要一点是“高薪”，其次是提供具有挑战性的工作，提供学习的机会。

京东的虚拟项目团队有着高效的执行力，这与京东虚拟项目完善的管理策略是分不开的。京东的项目“穿线人”那昕、蔡磊和高洪偲等人都具备这三点：对京东战略有着清晰的认识；都是中高层，听得见最猛烈的炮声，敢于迎接未知的挑战；拥有很强的沟通能力。他们选拔出的小组成员，也都是优中选优，在团队协作力和沟通方面有显著长处。从激励方式上来说，京东对虚拟小组的激励是每完成一项任务，发一次奖金，然后让他们回各自的部门工作。这种直接的激励方式也使得虚拟团队成员干劲十足。

第3章

干部管理：金字塔顶部要站什么样的人

任正非说过一句话：管好干部，分好钱。企业金字塔顶部究竟应该站什么样的人更合适？回答这个问题，需要企业根据自身的发展方向与目标，建立正确的干部选拔、管理、培训机制，搞好干部的选、用、育、留等体系化建设，让干部队伍为企业撑起一片天。

3.1

好干部就是敢于做“坏人”

> 干部不好，员工才不好。好的干部，往往是敢于做“坏人”；一个事事对你点头的干部，可能正在伤害大多数人的利益。
>
> ——董明珠

著名企业家王永庆说过：“中国企业缺乏执行力的一个关键就是中层没有勇气做‘坏人’！”格力总裁董明珠也多次强调，干部不好，员工才不好。好的干部，往往是敢于做“坏人”；一个事事对你点头的干部，可能正在伤害大多数人的利益。为什么这两位卓越的领导者都主张公司的管理人员要做“坏人”？

在一家公司里，领导做好人，干部做坏人，这样的配合方式才能使得整个团队朝气蓬勃。如果总是领导做坏人，那么这家公司的团队就会人心不齐，公司很难发展。

比如，有的中层管理者总是想做“老好人”。在开完会后，这样传达公司关于削减成本和压缩项目周期的战略，他说：“兄弟们，公司要削减成本，我们部门活动经费取消了。其实部门活动经费并不多，削减也省不下多少钱。我争取了好几次，领导们就是不同意，就这事。还有一件事，我们的A项目要5个月完成，我一直坚持说5个月完不成，我们讨论的都是6个月完成。领导让我们抓紧时间，将项目周期控制在4个月。他们是站着说话不腰疼，也不想想我们多累，好了，大家工作吧……”

在这样的情景下，中层管理者是团队里的“老好人”，领导是“坏人”。中层管理者自己的威信是树立了，却没有承担起中层管理的责任，破坏了企业的文化，也使得团队的执行力大打折扣。

中层管理者这种做法，实际上造成了组织的中层缺位，因为中层将自己变成了基层。中层管理者这个“夹心层”在这里显然成了多余的，丝毫没有派上用场，甚至还具有一定的破坏性。

还有一种情况是，团队的责任就是中层管理者的责任，中层管理者要有担当。比如，当领导批评某个项目做得不好时，作为管理者，你清楚是属下的责任，但你并不会说“是部门的谁的原因”，而是主动承担下来，在领导面前当“坏人”，让责任到此为止。这种态度是领导愿意看到的，也是团队成员所欣赏的。这时候，做“坏人”反而使领导和团队成员都欣慰。

只有中层管理者有胆有识，勇于承担，敢做“坏人”，才能尽到这个角色赋予的责任，才能做好团队的带头人，从而全面提升团队的执行力。

3.1.1 对中层管理者“狠”一点

卓越的中层管理者不仅能深谙领导的意图和决策，还具有较强的领导力和执行力。他们凡事身体力行，以此树立权威，使政令顺利实施。

但是，如果公司制度不健全，中层管理者的能力就很难100%发挥出来。不健全的制度还容易使中层管理人员缺乏自律性，表现为缺乏执行力，一味地守株待兔、见机行事，“拖、等、听”。

在干部管理方面，董明珠很有一套。她说：“管理不狠，团队不稳。管理干部是风，员工是草，风往哪吹，草往哪飘。所以，没有不好的员工，只有不好的管理干部。”

董明珠推崇军事化管理，她坦言：“很多人说女性管理者更人性化，我说没有‘人性化’的管理，管理只有一种，就是制度，不分男女。日常工作可以随意性，但是原则问题是铁的纪律。”

2001 年，董明珠当了总经理，当时格力出现了罢工现象。公司开会的时候，管理层都抱怨员工刁蛮难管理。但董明珠认为：“员工是很可爱的，他没有权力他就是被动的。而我们的干部是风，风往哪里吹草就会往哪边倒。这时我觉得，如果出现这么多不好的现象，原因来自于哪里？是我们干部队伍出了问题！”

在董明珠当总经理的这一年，做的第一件事就是整顿干部作风。召开干部作风整顿会议后，董明珠雷厉风行，对于侵吞国有资产、滥用权力等不良作风坚决抵制，严肃处理。董明珠当时想了一个办法，在食堂、厕所等一些角落全部挂上总经理的信箱，鼓励基层员工提出意见，投诉干部不良行为。格力根据投诉信，找到干部队伍的问题，从各方面严格要求，历练优秀的干部群体。

董明珠提出“公平公正、公开透明、公私分明”的 12 字管理方针。她要求党员必须戴党徽上班，接受群众监督。一次，董明珠发现两个党员忘记了佩戴党徽，立马处罚。

正是董明珠的这种“狠”，才使得格力根基够稳，员工执行力够高，格力的业绩够惊人。

3.1.2 逼着中层管理者做“坏人”

中层管理者是公司发展的中坚力量。对上他们需要对公司的经营管理决策负责，需要充分理解和传达公司的经营管理决策；中间需要对部门之间的信息传递与衔接负责，促进部门之间的合作；对下需要对员工成长负责，鼓舞士气，激发员工工作的积极性。这其实也是对中层提出了更高的要求，中层需要在不同的流程中扮演不同的角色。

对于中层管理者群体来说，他们一般具有较高的文化水平，在工作中具有较强的自主性；相对于基层来说，他们的薪水是比较高的，相对富有；他们多不满足于一定的薪水，希望能有更好的发展，追求工作中的成就感。

但是如果公司的管理层缺乏激励机制，或者说激励机制不完善，中层管理者就没有发展动力，就会在领导与团队成员之间，始终扮演“老好人”角色，并没有实实在在提升员工的效率与执行力。因此，企业有必要在激励机制方面进行完善，逼着中层管理者做“坏人”。比如在以下这三个方面进行激励完善（见图 3－1）：

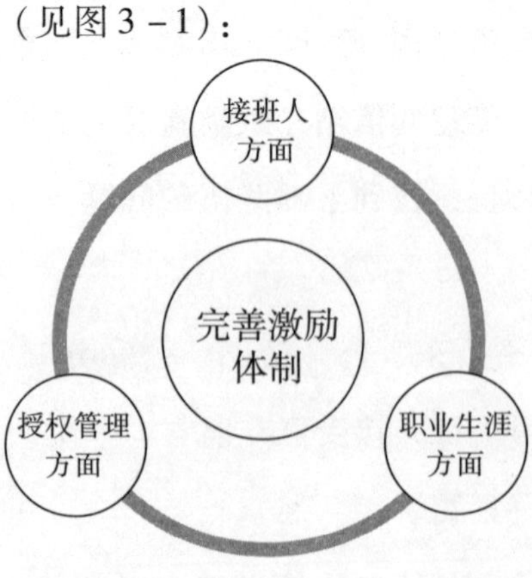

图 3－1　完善激励体制的三个方面

在接班人方面，企业领导不能随便选人来接班，这样的做法容易造成内部权力斗争，产生内耗，而且很多中层管理者会因为看不到未来而消极怠工。企业应为中层管理者打开晋升的通道，使其有奋斗目标。

在职业生涯方面，企业应根据中层的职业特点，为中层管理者提供一定的培训。以培训来调动中层管理人员的积极性，不断强化专业管理技能，不断获得职业领导能力的进步和提升。

在授权管理方面，企业高层领导可通过合理的授权来激励中层管理者参与决策和独立运作的积极性，也可有针对性地实施轮岗激励。

比如，京东提倡对管理者放权、授权。当业务出现问题的时候，管理者能在自己权责范围内解决的，可以不向上汇报，但不能刻意隐瞒信息；管理者对于任何工作请示及需要批复的邮件24小时内必须回复；所有管理者必须保证电话24小时开机并接听电话，保持沟通渠道的顺畅。

刘强东曾经说："公司不允许拖拉，对邮件的回复一定要快！即使你出国，也要下了飞机就回复。超过24小时不回邮件的高管，公司立刻开除！"

京东施行"两下两轮原则"，即所有管理者每年至少两次下一线支援；所有管理者、P/T10及以上人员、产品经理岗（技术研发类）人员每年至少两次去其他部门轮岗，每次轮岗时间不得低于一个工作日，上不设限。公司管理人员及其部门不得拒绝他人的轮岗申请。

这种做法不仅能有效地消除职业倦怠，激发工作激情，还能够有效地发掘中层管理者的管理天赋和潜力，使其获得全面发展。

3.2

在赛马中识马，发现千里马

> 企业的人才培养是一个动态的过程，是一个实践到认识、再实践到再认识的进程。最好的认识人才和培养人才的方法就是让他去做事。只有在赛马中才能识别好马，才能发现千里马。
>
> ——柳传志

伯乐暮年时，秦穆公曾召见他，问他：有没有后代接替他寻找千里马？伯乐回答道："对于一般的良马，它的特征很明显，是可以从其外表上、筋骨上观察出来的。而千里马就不一样了。虽然他的特征看起来与一般的好马差不多，不过，千里马奔跑起来，又轻又快，刹那间从你眼前一闪而过，不一会儿就远驰得无影无踪。你看不到飞扬的尘土，寻不着它奔跑的足蹄印。"自此之后，人们得知，伯乐相马的一大绝技是"赛马"，在赛马中发现千里马。

有句老话叫作"是骡子是马，拉出来遛遛"。在群马公开比赛中，好马会施展其才华，奔跑起来风驰电掣；而劣马奔跑起来，就会窘态毕露。好马与劣马一眼就能看出。企业发现人才，提拔人才也是这个道理。

联想掌门人柳传志认为，发现人才并不在于“简历”，而在实践的过程中寻找。柳传志为企业选拔人才的方式就是要狠狠地折腾人才，在折腾中让“千里马”出现。柳传志说：“企业的人才培养是一个动态的过程，是一个实践到认识、再实践到再认识的进程。最好的认识人才和培养人才的方法就是让他去做事。只有在赛马中才能识别好马，才能发现千里马。”

海尔总裁张瑞敏选拔人才的观念与此如出一辙。他说：“在市场经济条件下，‘相马’作为一种人事制度不规范、不可靠，这种把命运拴在别人身上的机制出人才的效率是很低的，由少数人说了算的选人路子肯定不能做到最大限度地选用优秀人才，也不可能做到公平。要做到用人公平、公正、公开，‘赛马’才是真正值得信赖的好制度。它能激发人的活力，让人才脱颖而出。”

那么，如何“赛马”，才能发现“千里马”？柳传志的做法是：“我们对人才采取在赛马中相马的策略，这包含三方面的含义：要有跑道，即为人才提供合适的岗位；要有跑道的划分，不能乱哄哄地挤作一团，必须引导他们有序地竞争；要制定比赛规则，即建立起一套较为科学的绩效考核和奖励评估体系。”

3.2.1 发挥人才的长处

现代管理学之父彼得·德鲁克在其著作《卓有成效的管理者》一书中说过：

“有效的管理者能使人发挥其长处。他知道只抓住缺点和短处是干不成任何事的，为实现目标，必须用人所长——用其同事之所长、用其上级之所长和用其本身之所长。利用好这些长处可以给你带来真正的机会。”

“管理者要用人的长处，面临的第一关即是择人。有效的管理者择人任事和升迁，都以一个人能做些什么为基础。所以，他的用人决策，不在于如何克服人的短处，而在于如何发挥人的长处。”

柳传志所说的“赛马”策略之一“要有跑道，即为人才提供合适的岗位”，就是充分发挥人才的长处。

1989 年，杨元庆从 500 名应聘者中脱颖而出，成为联想被录取的 58 名员工之一。杨元庆进了联想之后的第一个职位是销售代表。当时，他推销的是使用 INTEL386 芯片的 SUN 工作站。杨元庆的工作能力很强，他对客户的出色服务和良好的反应引起了柳传志的注意。

1992 年，杨元庆被提拔为计算机辅助设备部（CAD）的总经理，他带领着自己的团队，奔波于以中关村为中心的北京电脑世界，推销惠普公司的绘图仪，也推销“代理”。两年后，他带领的 CAD 部，销售业绩比他就任前增加了 9 倍。

后来，杨元庆又在联想最困难的时候，被提拔为联想微机事业部的总经理。当时联想国产 PC 销售持续下滑，面临巨大挑战。杨元庆从整个联想挑选了 18 个业务骨干，组成销售队伍，以“低成本战略”扭转了联想的局势，使联想电脑迅速跻身中国市场三强。

当时的杨元庆才 30 岁。有人问柳传志，为什么在关键时刻却重用这么年轻的杨元庆？柳传志说：“我研究他已经很久了。”柳传志不断将杨元庆放在“赛马场”，使其不断折腾，最终历练成柳传志的最佳接班人。

3.2.2 因人设事，引导内部有序竞争

一家企业只有对人力资源进行合理配置，做到人岗匹配，才能极大提

升企业的竞争力。所谓人岗配置，简单来说，就是让适合的人在合适的岗位上做合适的事，使得“岗得其人，人适其岗”，“人尽其才、物尽其用”。

一般来说，企业进行人岗匹配时，要多从这两个角度出发：一是工作本身，即细化企业工作的职责，根据工作职责来确定岗位任职能力，根据能力要求选择合适的员工；二是从人的角度出发。企业的人才具备不同的个性、知识、技能、经验和素质等，而企业要在全方位、多层次了解人才的基础上，对其工作进行合理分配。

对于管理人才来说，不同的管理人才有不同的个性与优势，企业领导应偏重第二种人岗匹配策略，即“以人为本，因人设事”。这样一方面能人尽其用，另一方面也避免了不必要的恶性竞争。

拿古人养马来打比方，如果将两匹千里马，拴在一个马厩里，放在一个槽中吃食，两匹千里马因为争食就会踢来踢去，最后两败俱伤。但是，如果将两匹千里马分开喂养，不仅能解决因为争食而互相伤害的现象，还能使其在自己的马厩里吃得饱，增长力气。

柳传志对于管理人才的岗位分配，更偏重于第二种，他会“因人设事”。在早些年，柳传志也想过让自己的两员大将杨元庆和郭为在一起，让他们去磨合。结果发现这是行不通的，两个人很难协作，不仅起不到“1+1>2”的效果，反而是“1+1<2”。

柳传志经过反复思考发现，他们之间有摩擦并不是因为他们勾心斗角，而是各自有着完全不同的目标路径。所以柳传志决定将其分开，于是才有了对联想的拆分。

当时的联想规模并不适合拆分，但柳传志认为人才才是最重要的。所以为了这两个“千里马”般的人才，柳传志硬是将联想拆分为联想电脑和神州数码。柳传志“因人设事”，给他们不同的发展空间，使他们在各自的领域充分施展才华，发挥潜质。

3.2.3 既要看前门脸，也要看后脑勺

柳传志用人先看业绩，再看品德，用他自己的话来说就是“既要看前门脸，也要看后脑勺”。他的用人之道是：循序渐进，德才并重。联想在选人才时，要先考察此人的工作业绩和能力，即考核能轻易看出来的地方。一旦获得认可后，就要继续考察他的品行，即考核不容易发现的地方。

柳传志在一次演讲中，说过关于联想如何考察“后脑勺”的方法。其演讲摘要如下：

“领军一面”的人，或者进到你班子里的人，德才要并重，对德的要求还要更高。为什么呢？因为当你真的要进到班子里面，或者当“领军一面”的时候，如果不能把企业利益放在第一位，自己在德的方面有问题，会让你遇到很多麻烦。

德很重要，但选人的标准没法从德开始，所以首先还是从业务的感觉做起。下面某一个领域，比如说销售薄弱换了一个人，销售能力比较强，就要连续几个季度关注他。关注的方式要注意，不能光看业绩本身，在联想强调的是要能干会说，会说不是表达语言有多流利，而是说怎么做的，考察这个人的成绩有没有偶然性，有没有用人胸怀。谈了以后还很好就可以提位置，高升，高升以后觉得他可以“领军一面”，可以做大幅度的调动，原来做业务的不做业务，甚至做管理学院、战略研究都有可能。

其实，在这个时候就要360度考察了，我们的话要注意后脑勺了。前面一看很漂亮，后脑勺怎么样大家未必知道，这时候就要看所谓德的方面

研究。德的研究不是跟你如何接触，而是要看他对待其他人，其他事，以及怎么对待与老板无关的事，是不是真有做事的基本道德标准、心胸，你所要的基本要求。这些事比较清楚以后，一过也有几年了，这时候也到他“领军一面”的时候了。

3.3

2N 原则：前无帮派，后有备份

> 第一个原则是避免公司帮派情绪产生，第二个是确保公司必须有人员备份，不会因为一个高管人员的离职使业务瘫痪。很多人说我有替补人员也害怕，很容易被替代。但是在京东公司我没有说谁是绝对安全的，我都不是。
>
> ——刘强东

公司帮派现象是很难避免的，它以权力为轴心，以各种利益为目的，相互利用，相互勾结，相互协作，构成一张张利害关系网。

公司帮派一般有两种形式：一种是由内而外产生的小帮派，即在公司部门组织内部或各部门之间，以部门中掌权的管理者为中心，逐层展开，形成一个利益同心圆；另一种是由外向内形成的小帮派，即在部门或部门之间的核心权力外面，很多员工对部门管理人员大献殷勤，溜须拍马，形成对管理者的包围圈，在很难抵挡诱惑的情况下，一个个内部小帮派就自然而然形成了。

公司的帮派是小群体利益的集合体，因共同的利益而聚在一起，相互勾结、联盟，不断扩张势力。每个帮派里都有一个核心人物，即最有能力和权力的那个人，而整个帮派的使命，就是维护帮派内成员的利益。简单来说，小帮派就是公司里的“国中之国”，如果任由其自由发展，势必导致帮派不断壮大，与公司权力中心相抗衡，如果管理不当，甚至会颠覆公司的运营。因此，作为整个公司的领导者，应竭力避免公司帮派发展壮大。

“擒贼先擒王”，为防止公司帮派的产生壮大，公司势必要对公司的中高层制定一些相关制度、规范，从根本上破除帮派的利益联盟，建立一种公平、高效、具有凝聚力的干部团队。

京东总裁刘强东在对待公司帮派方面是零容忍。在京东初创时期，刘强东甚至不允许高管坐在一起吃饭，理由是防止出现小帮派。刘强东在演讲中，曾谈到的关于公司人事管理中选人、用人、留人的原则和方法，其中就有针对公司帮派的“2N”原则。

3.3.1 避免公司帮派壮大

对于企业来说，想要实现规模扩张，所有成员都必须要有共同的价值体系，朝着同一个目标努力，而不是相互之间为了个人利益，争权夺利，组建小团体。企业在发展之初，领导者就应该注意到小团队问题。如果不予以重视，不及早采取措施来应对，那么随着公司规模的发展，这个问题会越发严重，最终成为阻碍公司成长发展的障碍，甚至导致公司的消亡。所以说，必须要将问题扼杀在摇篮里。

刘强东在管理方面是非常重视这一点的。在京东创立初期，刘强东甚至都不允许高管们私下在一起吃饭，理由就是怕滋生小团体。

刘强东的“2N 原则”第一条是：“所有加入集团公司的，过去有很多工作经历，每个人最多只允许带原单位的一个人过来，如果带人多怎么办？也欢迎，去别的部门”。

“在你的部门最多只允许带一个人。公司原则上不欢迎任何一个管理人员带原单位的人过来，公司是鼓励你一个人来。很多公司是一个部门来一个头，带了很多原部门的人。等这个头走的时候，发现这些人都走了。这样是非常可怕的，走的时候损失也很大。我们不可以。”

刘强东的这一条原则就是为了避免公司帮派情绪产生，减少帮派形成的几率，从源头避免各立山头的现象。

帮派一旦被弱化或减少，公司内部的恶性竞争现象减少，企业管理人员势必会带领团队将更多的精力投入到工作中，团队的凝聚力更强，团队的工作效率也会得到进一步提升。

3.3.2 解决管理人员备份问题

对于任何公司来说，管理人员的离职都是一个相对棘手且具有破坏性的问题。管理人员掌握公司大量的资源和机会，了解公司的部分运作方式、方法。管理人员一旦离职，不仅影响到公司短期内的运转状况，而且还可能会带走一批对他忠心耿耿的下属，给公司在人力、物力等方面造成一定的损失。

管理人员的离职，因其原来工作的影响力或其工作无法替代以及事件的突发性，也会对在公司工作的其他高管或员工产生一定的负面影响，使得公司其他管理人员和员工士气低落、工作拖拉、效率低下等。

对于那些没有做好心理准备的公司领导者来说，管理人员的离职无疑是一个晴天霹雳。在极短的时间内重新选择一个合适的管理人员并非易事。这时，在较短的时期内，可以由更高职位的人临时接替，以便工作能够继续开展，也可以稳定该部门的人员及士气。与此同时，仍旧要通过各种渠道寻找合适的继任管理者。

最好的方法是，应在事情还没发生前就做好人才储备工作。你可以去高管们经常出现的各种论坛、峰会、沙龙寻找合适的人，进行人才储备。也可以在公司制定一些制度来确保有后备管理人员。

刘强东的“2N 原则”第二条是：“给所有管理人员一年的时间，找到可以替代你的且公司认可的人员。如果找不到的话，第二年新的业务也不会给你，加薪也不会给你。如果两年之内还是找不到，你不能随便指一个人，我们还要调查。如果找不到的话，公司请你走，必须离职。”

刘强东认为：“第二个是确保公司必须有人员备份，不会因为一个高管人员的离职使业务瘫痪。很多人说我有替补人员也害怕，很容易被替代。但是在京东公司我没有说谁是绝对安全的，我都不是。如果说这家公司业绩非常糟糕的话，我是有股票言语权的，但是我没有非要做这个公司的 CEO，每个人要为公司考虑。”

3.4

高级干部要多喝咖啡少干活

> 高级干部要少干点活儿，多喝点咖啡。高级干部与专家要多参加国际会议，与人碰撞，不知道什么时候就擦出火花，回来写个心得，也许就点燃了熊熊大火让别人成功了。
>
> ——任正非

诸葛亮是三国时期举足轻重的大人物，是智慧的化身，仿佛神一般的存在。他“未出茅庐，便知三分天下”，“鞠躬尽瘁，死而后已”。可是蜀国为什么最后还是走向了灭亡？

从管理学的角度来说，诸葛亮绝对是个顶级员工，帮助老板刘备华丽转身逆袭上位，实现蜀汉集团上市。但是作为蜀汉集团 CEO 的诸葛亮，却未必属于好领导。他是典型的“蜜蜂型”领导，身居丞相高位，却事必躬亲，不给下属历练的机会。在决策时，很难看到核心团队成员的决策参与，更多的是诸葛亮个人智慧的显现。

一个好领导并非指个人能力有多强、有多勤劳，关键要懂得授权，充分发挥别人的力量把事情办好。诸葛亮的事必躬亲造成了两个直接后果：

第一，对于他个人来说，造成了身心疲惫，积劳成疾。连其竞争对手司马懿都说："孔明食少事厌，其能久乎！"不久之后，诸葛亮与世长辞，落得"鞠躬尽瘁，死而后已"的一声感叹。

第二，诸葛亮喜欢大包大揽，抹杀了下属的积极性和创造性。长期下去，就造成了蜀汉人才储备严重不足，团队整体战斗力很差，出现了"蜀中无大将，廖化作先锋"的被动局面，最终不但没有光复汉室，还导致蜀国被吞并。

在企业处于起步的发展阶段，企业的高级干部就是企业的掌舵人，不仅视野要广，而且要发号施令，呼风唤雨，强力推动企业发展。而到了公司趋于成熟的阶段，企业的高级干部已经成了企业的主心骨，或者是企业的灵魂。此时，埋头苦干事必躬亲远远不如高瞻远瞩，授权，放权，培养人才。

任正非认为："高级干部要少干点活儿，多喝点咖啡。高级干部与专家要多参加国际会议，与人碰撞，不知道什么时候就擦出火花，回来写个心得，也许就点燃了熊熊大火让别人成功了。"

3.4.1 要有视野与格局

心理学中有一个著名的原理——隧道视野效应。即一个人若身处隧道，他看到的就只是前后非常狭窄的视野。也正是因为视野受限，因此，缺乏敏锐的洞察力，无法对当前处境做出准确判断，缺乏对未来的远见。

就高级干部而言，他作为公司的接班人，想要带动团队和企业的发展，有开阔的视野和格局，才能高瞻远瞩，走得更远。任正非认为："华为的接班人，除了视野、品格和意志要求之外，还要具备对价值评价的高瞻远瞩和驾驭商业生态环境的能力。华为的接班人，要具有全球市场格局的视野，以及对新技术与客户需求的深刻理解，而且要具有不故步自封的能力。”

从IBM公司的历史中，我们随处可见高管层开阔的视野，卓越的远见。IBM在创世之初，只不过是一家相当普通的中小型公司。这家公司几乎破产，还是靠着大量借贷才熬过1921年的大萧条。当时公司主要销售打卡钟和磅秤等产品。但是，老沃森不希望看到公司就这样继续平凡下去。他希望公司提高眼界，更上一层楼，他希望公司成为具有全球地位的一家伟大的公司。于是，他将公司改名为国际商业机器公司（IBM）。

在1924年，这个雄心勃勃的大名听上去能让人笑掉大牙。小沃森回忆说：“家父心里想的一定是未来的国际商业机器公司。他实际经营的公司里仍然到处是叼着雪茄的家伙，卖的是咖啡研磨机，还有屠夫用的磅秤。”其实，老沃森修改的不仅是公司名字，更是高瞻远瞩，确认了公司的伟大使命和方向，为IBM事业跨越式的发展提供了无穷的激励力量。

到了上个世纪60年代初期，IBM高管层基于对未来趋势远见卓识的判断、令人震惊的目标和胆大包天的行动——投资开发一种叫作360系列的大型电脑。这在当时是很冒险的行为，投资巨大，但事实却证明，IBM的战略眼光和超前意识，使得它在全球大型电脑领域独占鳌头。

美国管理学家吉姆柯林斯在《基业长青》再版导言中说：“高瞻远瞩的公司，能够从繁琐的做法和商业谋略中（这些应该应时而变），分离出他们永恒不变的核心价值观和经久不衰的使命（这应该永远不变）。”

企业如果想稳定发展，基业长青，必须培养高管层的战略眼光、超前意识以及洞察力。只有卓越的管理层，才能高瞻远瞩，运筹于帷幄之中，决胜于千里之外。

3.4.2 适当对下属授权

在一些企业中，普遍存在“累死领导，闲死部下”的现象。用网络上流行的一句话来说：总经理在做总监的事，总监在做经理的事，经理在做员工的事，员工在谈论国家大事。这样的企业高层管理者就算是“鞠躬尽瘁”，也很难使企业运转下去，更别提基业长青了。

美国管理学家H·米勒说过：真正的管理者要做的不是事必躬亲，而是要为员工指出路来。企业要想做大、做强，高层管理者必须学会放权、授权，也一定要放权、授权。自己负责目标和方向，将指挥团队的决策权交给中层或底层管理者。授权不仅能锻炼员工，为企业培养能够担当大任的精英，打造精、准、狠的团队，还能使高管“省时省力”，让属下忠实追随，在最大程度上避免企业高管层独裁的企业病。

在华为，金字塔组织最底层干部级别低，并且是直接面对客户和项目的，也是直接面对困难的着力点。为了提升这层级干部着力点的强度和弹力，在2013年干部年度会议上，任正非提出试行“少将连长”的理念。给连长配上少将的头衔，拔高连长的位置，提高一线管理层在职称、待遇方面的水平，并将权力下放给一线干部。

任正非说：“我们是要让具有少将能力的人去做连长。支持少将连长存在的基础，是你那儿必须有盈利。”

在任正非看来，“公司可以越来越大，管理决不允许越来越复杂。”任正非还强调，要让听得见炮声的人来呼唤炮火。公司管控目标要逐步从中央集权式转向让前方组织有责、有权，后方组织赋能及监管。

3.5

自律永远是最低成本的管理

自律永远是管理的低成本。各级干部应把践行八条作为终生的座右铭，使我们的流程管理更加简洁、及时、准确。“促进自律，完善他律”，形成一个良好的内部场。道德遵从委员会每个人都要带头遵守干部八条，以点带面，让大大小小的“火车头”带领二十多万员工的“火车”跑起来，让公司充满活力和竞争力。

——任正非

对企业管理者来说，他们拥有部分资源的支配权，拥有更多的薪酬和自由，理应承担更多的责任。管理者的所作所为不仅仅是代表自己，而是代表企业的理念和意志。

企业对管理者寄予一定的期望，有一定的要求。而管理者为了达到企业目标而对自己的要求，可以称之为自律。管理者先要自律，把自己管好，承担起相应的责任，才能为员工树榜样，使员工恪守公司制度，深深认同企业文化，愿意全身心投入到工作中。

上个世纪60年代初期，日本经历了一段经济萧条期，很多企业都受到了冲击，东芝也不例外。当时的东芝，虽然人才济济，但管理上存在不足，从而导致公司业绩低迷，岌岌可危。

1965 年，在东芝前总经理石坂泰三的屡次强烈邀请下，已经退休的企业家土光敏出任东芝电器的社长。他整顿东芝的第一步就是让管理者管好自己，先自律再管人。因此，在上任第一天，他就提出重振东芝的口号："一般员工要比以前多用三倍的努力，董事则要十倍，我本人则有过之而无不及。"

土光敏以身作则来激励管理层。他每天提早半小时上班，并空出上午七点半至八点半的一小时，来与大家一起讨论公司的问题。

一次，公司的董事想去参观一艘名叫"出光丸"的巨型油轮。由于土光敏已看过几次，所以事先说好由他带路。那天是休假日，土光敏准时在约定的地方出现，几位董事都是乘公司专车来的。一位董事说："社长先生，抱歉让您久等了。我看我们就搭您的车前往参观吧！"他们以为土光敏也是乘坐公司专车的。土光敏说："我没有乘坐公司轿车，我们去搭电车吧！"董事们顿时羞愧不已。

为了杜绝公司管理层的浪费现象，使公司管理层更加自律，土光敏以身示范搭电车，给公司的几位管理者上了一课。这件事传开后，公司上上下下都不敢随意浪费公司的资源了。

土光敏从点点滴滴的细节上以身作则，处处自律，为员工做出了很好的榜样。管理层的风气慢慢地也被拨乱反正，大家更自律，东芝的经营状况渐渐转好。

自律永远是最低成本的管理。企业必须不断强化管理者的自律意识，使管理者以德服人、以力御人，获得团队的信赖和认可，才能以点带面，提升整个企业的竞争力。

3.5.1 强化管理层自我批判意识

企业的管理者如果缺乏自我批判意识，在管理岗位上待久了，就会有一系列恶劣“症状”：听不进上级和下属的意见，缺乏创新，缺乏工作动力，对自己不再严格要求，成了彻彻底底的被动型管理者。

对于缺乏自我批判意识的管理者，任正非持否定态度。任正非认为，对于一个公司来说，自我批判是非常重要的，华为正是因为一直以来有这条原则，才能走到今天。任正非在选拔干部方面，有两个问题会一票否决：“第一个问题是你没有自我批判能力，你总自以为是，这种人就要一票否决，不能往上提。就是说你要知道自己错在哪儿，这样的人才能提拔成干部。第二个问题是品德的考核，品德的考核也是一票否决。”

华为经历风风雨雨，依然保持强劲的发展势头，这与创始人任正非的自我批评的管理思想是分不开的。任正非以身作则，善于自我批评，他还要求华为的干部必须有自我批评的意识。他认为，未来，华为还能向前走多远，取决于华为人还能继续坚持自我批判多久。以下是任正非关于干部自我批判的内容（节选）：

“要形成一个习惯，高级干部要么不报告，报告就要讲真话。没有说高级干部不能犯错误，重要的是我们要不断地去研究，去总结。如果大家都认为自己是完人，很完美，什么东西都不肯承认，这个公司就是故步自封。没有自我批判精神的公司一定会倒的，华为公司这种自我批判的精神一直要灌输下去。”

“凡是不能自我批判的干部，原则上不能提拔；群众对他没意见的干部要重点审查；群众意见很大的干部要分门别类进行识别与处理，若不是品德问题，那么这样的干部是可以培养的，我们还要再给他机会。社会是会自动产生惰性，而不会自动产生创新的，领导干部没有自我批判能力，那么公司很快就会消亡。没有自我批判能力的干部不能当干部。”

“大家一定不要看我对哪件事情、对哪个人有批评，就背上精神包袱，千万不要有这个想法，因为有这个想法的话，我们这个队伍将来就一个人都没有了。我相信你们，人人都会犯错误的，我也会犯错误的，我认为大家重在努力改正错误。受处分的干部也不要背上包袱，觉得这辈子完了，没这回事。我们还是比较客观地对待问题，做得好的还可以起来，只要承认错误，真正批判自己，有什么不可以再起来？”

“通过自我批判，使干部思想洗涮，心胸开阔，将来能够经得起别人批评。‘一定要打开胸襟，听得进别人批评，也要批评自己’‘具有牺牲精神的人才有可能最终成为将军，只有长期坚持自我评判的人，才会有广阔的胸怀’。我想这两句话，是可以让我们共勉的。”

3.5.2 以制度条例来强化自律

管理制度具指导性、约束性、鞭策性和规范性等作用。企业针对管理层制定的相应制度，要在一定程度上对管理工作提出指导建议；能约束管理者的不良行为，能鞭策、激励管理者遵守制度和规则；能规范管理者的岗位责任，加强管理者自我批判意识，使其更加自律。

任正非要求各级干部践行“干部八条”，他认为：“自律永远是管理的低成本，各级干部应把践行八条作为终生的座右铭，使我们的流程管理更加简洁、及时、准确。‘促进自律，完善他律’，形成一个良好的内部场。道德遵从委员会每个人都要带头遵守干部八条，以点带面，让大大小小的

‘火车头’带领二十多万员工的‘火车’跑起来，让公司充满活力和竞争力。”华为“干部八条”内容如下：

1. 绝不搞迎来送往，不给上级送礼，不当面赞扬上级，把精力放在为客户服务上。

2. 绝不动用公司资源，也不能占用工作时间，为上级或其家属办私事。遇非办不可的特殊情况，应申报并由受益人支付相关费用。

3. 绝不说假话，不捂盖子，不评价不了解的情况，不传播不实之词，有意见直接与当事人沟通或报告上级，更不能侵犯他人隐私。

4. 认真阅读文件、理解指令。主管的责任是胜利，不是简单的服从。主管尽职尽责的标准是通过激发部属的积极性、主动性、创造性去获取胜利。

5. 反对官僚主义，反对不作为，反对发牢骚讲怪话。对矛盾不回避，对困难不躲闪，积极探索，努力作为，勇于担当。

6. 反对文山会海，反对繁文缛节。学会复杂问题简单化，六百字以内说清一个重大问题。

7. 绝不偷窃，绝不私费公报，绝不贪污受贿，绝不造假。也绝不允许任何人这样做。要爱护自身人格。

8. 绝不允许跟人、站队的不良行为在华为形成风气。个人应通过努力工作、创造价值去争取机会。

华为“干部八条”的层层落实，使得华为的一些管理者开始反省自律，不再包装自己，不再搞办公室政治，不再为自己的 KPI 纠结，而是将精力真正聚焦在帮客户解决问题上，聚焦在“如何带领团体打胜仗”上。

3.6

干部考核就要以责任结果为导向

> 以前人力资源部的考核方法太复杂。考核能力，填很多无用的表格，花了巨大的时间，这就是在非战略机会点上消耗了战略竞争力量。现在人力资源已经在改革，以责任结果为考核导向，考核表格也会发生变化。要看是不是攻下了“上甘岭”，怎么胜利的？还有什么不足。
>
> ——任正非

在管理学里，有一个经典的寓言故事：

有两头猪，一头是理想主义的猪，一头是结果导向的猪。他们各自组建了一个房地产公司，分别培养了一支理想主义职业经理人队伍和结果导向的职业经理人队伍。

理想主义的猪认为，企业做大首先必须有一套先进的企业管理制度。于是，他花了一笔钱，引进了一套先进的绩效管理体系，并有了一个宏伟的百年战略规划。每年年终，他根据绩效评估结果，奖励那些做事规范、工作完美的职业经理猪。在这套管理体系中，职业经理猪们努力工作，每天早出晚归，加班是常有的事。他们费了惊人的时间和精力去做每一件事情。在管理体系之下，层级分明，同时所有工作也都依从上级的安排和指令。在一个等级森严的体系中，各个经理猪所带领的团队，每天都需要花费大量的时间去跟其他部门进行沟通，部门之间彼此竞争，彼此设限。

而那只以结果为导向的猪认为，企业要想有好的发展，必须用业绩说话，而良好的业绩首先必须有良好的销售。于是，他花了一笔钱，买了一套销售和客户管理软件，分析客户需求的变化。他也设立了一套激励制度，根据房子的质量、完工时间、销量等来奖励公司各个部门有突出贡献的职业经理猪以及员工。

几年后，以责任结果为导向的猪所创立的公司，发展迅猛，已经发展成为全球房地产行业领先的企业。而那只理想主义的猪所创立的公司，虽然也有了一定的发展，但比起前者则是“小巫见大巫”。

这个故事并不是说以科学的 KPI 考核管理干部不如粗放式管理方式来管理干部，而是说，只有为公司带来好结果的管理体系，才是有价值的，有意义的。干部考核只有坚持以责任结果为导向，才能更好地激励干部为企业创造更大的价值。

任正非说过：“无论你人格如何高大，品德如何高尚，学问如何渊博……你得到人们承认的，一定是通过一定形式表现出来的。”结果则是干部综合能力的有效外显。

对于企业来说，完全结果论显然过于功利，而将结果作为企业的导向，或者作为干部考核的导向，则无疑会带来好的结果，选拔出适合企业的，利于企业发展的干部。而对于干部来说，当他们以责任结果为导向后，就不会再去计较自身利益得失，而是会为企业发展创造更大的贡献值。

3.6.1 责任结果导向的考评机制

华为对干部坚持责任结果导向的严厉考评机制，任正非认为："考核是考不走优秀干部的。不坚持考核，是以公司结束为代价的。因此，各级干部要认真对目标、任务进行考核。对考核目标不明确的，要今年与其去年比，人均效益是否提高。没有提高的部门，其负责干部也视同没完成任务。进步不大的部门，正职就受降职处分。"

任正非在2015年项目管理会议上发表了一篇《将军是打出来的》演讲。在演讲中，他多次提到干部考核以责任结果为导向的观点：

"在华为，必须'多产粮食'才能拿高工资，'多产粮食'才能当'将军'。""我们不是在教课纸上谈兵，不能以技术标准来考核任职，这是学生的考核标准。将军应该是打出来的，是选拔出来的。所以大家要积极努力，踏踏实实提高本职工作能力。"

"以前人力资源部的考核方法太复杂，考核能力，填很多无用的表格，花了巨大的时间，这就是在非战略机会点上消耗了战略竞争力量。现在人力资源已经在改革，以责任结果为考核导向，考核表格也会发生变化。要看是不是攻下了'上甘岭'，怎么胜利的？还有什么不足。"

"你什么奖都没得，那你告诉我，你这些年做出了什么成绩？你这几年没涨工资、奖金拿得少，你要反思一下该怎么办？"

在华为，干部绩效考核分为个人业务承诺（PBC）与干部年终述职相结合的制度。华为的PBC采取自上而下的方式制定，将公司目标逐一分解到部门，员工根据年度目标对个人的PBC进行设计。PBC包括以下三方面内容，见图3－2。

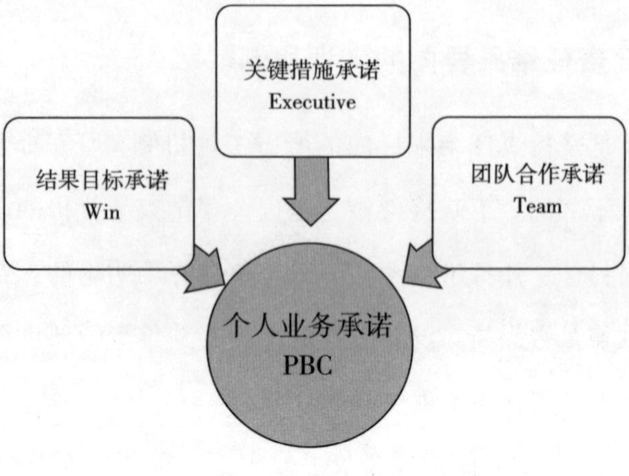

图 3－2　个人业务承诺 PBC

结果目标承诺，指员工承诺本人在考核期内所要达成的绩效结果性目标，包括虚拟利润额、人均销售额等。

关键措施承诺，指为达成绩效结果性目标，员工通过贯彻公司战略意图、主业务策略、变革绩效管理、人力资源管理等方面措施，确保结果性目标的完成。

团队合作承诺，指为保证团队整体绩效的达成，员工对团队目标的理解，团队角色、时间分配、相互支持等方面进行承诺。比如跨部门人员到位率、跨部门高层决议会议人员到会率、部门组织氛围等。

华为的干部年度述职，目的是为了细分公司战略，使中高层干部和各部门能够明确责任与重点，促进干部绩效持续改进，深化公司任职资格管理制度，并以此使得部门及其管理者为实现公司或部门目标结成责任和利益的联合体，最终形成一个管理闭环，从而不断提升公司的核心竞争力。

华为规定，签署 PBC 承诺的中高层干部，年底目标完成率低于 80% 的，正职降为副职或免职。年度 PBC 完成差的各级主管，10% 需要降职和调整。关键事件评价不合格的干部也要给予降职或不得提拔的处分。

华为还对考核结果建立档案并公开公示，以此保证考核的真实有效，并监督、激励干部，使干部更注重实干。任正非在华为大学的一次讲话中指出："从后备干部开始，加强公开性，心得论文全部放到网上去，自始至终让大家都能看到你是咋学习的，以后提拔时，自我鉴定的业绩也要提到网上去，让老百姓看你是不是把别人的成功项目编到自己身上来了。不敢公开的可以退出去，不会给你们小鞋穿。以后你们在华为的人生轨迹全会公开，包括领导对你的评价，这样公司才能形成一个稳定的结构。"

3.6.2 机会要倾向于有实践成功结果的干部

任正非说："我们公司的价值取向是直接责任结果导向，而不是素质导向。我们强调'猛将必发于卒伍，宰相必取于州郡'。我们的任何素质是在贡献中发挥作用，才能被认知的。在责任结果面前，人人平等。"

华为在人才选拔和评判机制方面，向来贯彻施行以实践成功结果为标准的选拔制，而不是过分强调公平的培养制。华为所选拔的干部必须具备直接的基层实践经验，必须是"上过战场、开过枪、受过伤"。这也是华为选拔干部的首要资格。通过这种资格审查之后，再根据干部们的能力强弱定夺。

华为对于那些有实践成功结果的干部或员工，愿意为他们提供更多的机会，更大的平台，使他们能够充分发挥自身才能。任正非在 2012 年 EMT 办公例会上明确指出机会与实践结果的关系："证明是不是好种子，要看实践。实践好了再给他机会，循环做大项目，将来再担负更大的重任。十年下来就是‘将军’了。人力资源管理部和华大要加强对‘种子’的管理，‘种子’到各地区干几年以后，不要沉淀下来把他忘了，优秀‘种子’回炉以后，可以往‘上将’、‘上校’上走。”

3.7

贪10万，花1000万来调查

如果公司怀疑你贪了10万元钱，就算花1000万元调查取证，也要把你给查出来。虽然贪污腐败的员工是极其个别的，但我哪怕一年只抓一个人，我也要投入3个人的力量。不是为了他贪污我的钱，而是这是我创立公司的梦想。所以，别说几万元钱，几千元钱，就是你拿一分钱我也一定把你开掉。我不会跟你讲任何感情，我不会有一丝一毫的犹豫。

——刘强东

一位上市公司的老板在媒体面前，讲起自己一次难忘的失败经历。

几年前，他创立的某集团，因为资金问题，计划撤回一些外地的分公司。但此消息一传出去，高管团队几乎立马土崩瓦解：有人开着公司的公车扬长而去，有人带着公司的单子另立山头，有人将公司的一些机密卖给客户，有的直接卖给了竞争对手公司。

他感到无比悲凉。这些高管都是自己最为欣赏和最为信任的人，最后还是分道扬镳，根本原因在于他的制度、期权激励和过度信任。

后来他再次创业时，吸取了第一次创业的教训，将“内部反腐败”工作放在重点位置。腐败没有了，公司的运转更加顺利了。仅仅3年时间，从5个人的小公司就迅速成长为1000人的大公司，他也终于完成了一次华丽的逆袭。

内部腐败，尤其是管理层的腐败，是很多企业的“心腹大患”。任正非、马云、刘强东这些商业大佬领导的大企业，都难以避免内部腐败问题。面对内部腐败贪污，这些大佬们会采取积极措施，比如建立完善的公司治理体系，以及良好的社会信用评价体系，通过大数据或技术升级对不正当交易进行分析监控。

企业的反腐，对内而言，可以震慑员工，以儆效尤，以此来使公司形成一股清流，避免或最大程度减少腐败行为。对外而言，则可表明严厉打击内部腐败的态度，树立正面良好的企业公众形象，使企业获得更大、更长远的发展空间。

3.7.1 完善制度，加大力度

企业的反腐，一要在公司管理制度方面，对腐败行为做出明确具体的禁令；二要付诸行动，加大力度打击腐败行为。在这方面，京东做得相当到位。

京东总裁刘强东曾在媒体面前谈腐败问题，并言辞激烈地表示“你贪10万元，我就是花1000万元也要把你查出来”。他还说：“如果公司怀疑你贪了10万元钱，就算花1000万元调查取证，也要把你给查出来。虽然贪污腐败的员工是极其个别的，但我哪怕一年只抓一个人，我也要投入3个人的力量，不是为了他贪污我的钱，而是这是我创立公司的梦想。所以，别说几万元钱，几千元钱，就是你拿一分钱我也一定把你开掉。我不会跟你讲任何感情，我不会有一丝一毫的犹豫。”

京东的《京东集团反腐败条例》，是专门针对集团内部反腐败的根本制度。以条例为中心，增加了配套制度，形成了健全的反腐制度体系。为鼓励员工、供应商及其他合作伙伴全面深入参与到京东诚信经营的监督体系中，京东还相继出台《京东集团举报人保护和奖励制度》《京东集团廉洁奖励试行办法》等相应制度。对于行贿者按照《反商业贿赂协议》进行处理。

京东打击腐败行为的力度也相当大。京东还有多种反腐举报通道，如反腐举报电话、“廉洁京东”公众号后台等，京东还设立了每年1000万元的反腐奖励专项基金。

京东内部的任何腐败事件涉及人员，均会在公司内外进行实名全公开公告，并向社会公众开放。在企业内部反腐方面，京东经常“自曝家丑”。

2016年“双十一”前一周，京东在其公众号“廉洁京东”中，实名公布了10起内部腐败案件。2017年5月3日，京东版《人民的名义》落下帷幕，京东旗下微信平台“廉洁京东”再次公布了6起内部反腐案例，还一并贴出了涉案员工被公安机关逮捕的照片。

3.7.2 分解高管的权力

在公司里，如果管理层权力过于集中，且各自掌权，得不到有效监管，就会滋生腐败现象。比如，在一些公司，管事的领导各自掌握人事权、财务权等，缺乏有效监督，就为腐败创造了机会。

因此，在公司内部，对管理层实施分解权力的方法，在很大程度上能预防腐败行为的产生。分解高管权力可从以下两方面着力，见图3－3。

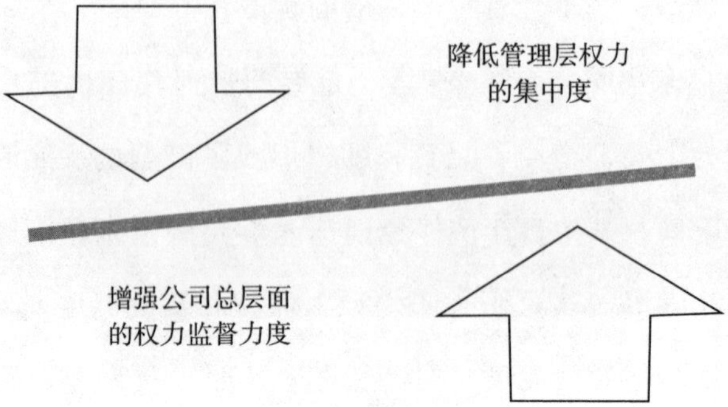

图3－3　分解高管权力的两个方面

一是降低管理层权力的集中度。削弱管理者手中的权力，在公司制度范畴内规范管理人员的权力，以及实施权力的条件。

二是增强公司总层面的权力监督力度。公司在制度层面对腐败进行约束、禁止，如果缺乏有效的监督机制和制约力量，制度不过是一纸空文。因此，必须依靠强有力的监督力量作为后盾。既要强化管理层上级权力对下级权力的控制，又要增强同级以及下级对上级的监督权力。

我们来看京东的做法：

京东早在2009年就成立了监察部，2011年底又设立了审计部，共同组建审计监察部。主要工作内容是负责公司的独立监控和诚信防腐工作。

在2012年下半年，京东商城某位副总裁被曝腐败。他利用公司平台，布局了一条自己私人的庞大生意链。他与多家公司有密切关系，要么是他亲自或找代理人持股一些公司，要么是担任一些公司的顾问。一石激起千层浪，业内颇为震惊，议论纷纷。

这件事之后，2012年11月，审计监察部更名为“内控合规部”，直接向CEO汇报工作。2013年2月，京东商城宣布启动高管轮岗、轮训制度。

刘强东实施此项制度，一是进行人事制衡；二是防范内部腐败风险。实践证明，他的这项举措确实对于反腐有一定的作用。

3.7.3 内部激励反腐行为

如何提升员工监管的力度？最为直接的方法就是激励。对于员工拒绝行贿的行为以及揭发腐败的行为进行奖励。员工受到激励后，反腐的动力更大，不但能更好地起到监督的作用，而且也避免了自己的贪腐行为。

京东在这方面做得很到位。2017 年 3 月 22 日，京东集团发布了《京东集团廉洁奖励施行办法》的公告。公告中称：

“我们一直践行着‘正道成功’的理念。拒收商业贿赂，维护廉洁的商业环境已经铭刻在每个京东人的骨子里。在各岗位上都有这样坚决抵制商业贿赂的人员，近期典型代表有居家生活事业部运营管理部，90 后温玉杰拒收商家现金 50000 元贿赂；东北区大件运营部沈阳大件运营中心董琳，先后两次拒收投标公司现金总计 11000 元；再如华北区大件运营部配送运营部朱玉明拒收承运商现金 10000 元等”。

“为了更好地鼓励员工拒绝商业贿赂，营造廉洁诚信的商业氛围，公司特制定了《京东集团廉洁奖励试行办法》，对于在拒收商业贿赂方面有出色表现的员工进行高额奖励，奖金高达拒收商业贿赂金额的 50%”。

“《京东集团廉洁奖励试行办法》从发布之日起开始实施。同时鉴于以上温玉杰、董琳、朱玉明三位同事的杰出表现，按照办法分别给予 25000 元、5500 元及 5000 元的现金奖励。”

这种激励方式可有效鼓励员工发扬反腐倡廉的作风，营造廉洁诚信的商业氛围。

EQ

第 4 章

组织管理：重构，创新，崛起

组织管理的根本在于：确保组织跟得上时代的变化，增强组织驾驭不确定性的能力，激发组织成员的创造力，使组织释放出巨大的价值。而这些需要管理者顺势而为，根据外界变化，整合企业内外部所有资源，对组织进行重构和创新设计，在市场中迅速崛起。

4.1

简化“不产粮食”的部门

“不产粮食”的流程是多余流程，多余流程创造出来的复杂性，要逐步简化。流程是为作战服务，是为“多产粮食”服务……不可持续的就不能永恒，繁琐的管理哲学要简化。有人说，已经走了很多复杂化道路。不经过复杂，也简化不了，如果一开始就能做出简化方案，那你是神仙。

——任正非

随着企业的不断发展壮大，企业的员工越来越多，分公司、办事处、机构遍布全国各地，企业的组织层级与流程在无形中开始变得繁琐复杂。因组织庞大，层级众多，每个环节的管理基本上都有计划、执行、检查以及反馈，流程与层级越发繁琐。这种局面会造成员工的效率越来越低，企业业绩不尽如人意。

比如，某位总部领导发起一个项目，领导要求办事处经理在规定日期完成工作，办事处经理责令某部门经理，某部门经理又责令某个团队。当这个团队完成项目后，以 Word 文档、PPT 等形式向部门经理汇报，部门经理进行批复、修正，最后向办事处经理回复。办事处经理通过之后，再汇报给总部领导。总部领导发现问题，又得一级级下发改正……在决策层与执行层之间，流程过于繁琐，层级太多，使得组织庞大臃肿，推诿扯皮现象滋生，项目周期拉长，人力成本巨大。繁琐的流程和层级最终导致员工工作效率低，对企业发展产生负面影响。

公司的领导者需要对公司的组织结构进行必要的、合理的精简。包括简化工作流程，简化不必要的规定，减掉不必要的会议，减掉多余或是不特别重要的层级等。如此一来，关键要素就自然显现出来，你就能集中精力去抓管理中的核心部分，从而全面提升公司员工的执行力与效率。

4.1.1 砍掉“不产粮食”的流程，聚焦“主航道”流程

在管理界，美国企业家博恩·崔西提出过一条著名的崔西定律。它的具体内容为：“任何工作的困难度与其执行步骤的数目平方成正比。例如完成一件工作有 3 个执行步骤，则此工作的困难度是 9；而完成另一工作有 5 个执行步骤，则此工作的困难度是 25。所以必须要简化工作流程。”

的确，企业管理流程的繁琐复杂，经常会造成不必要的时间成本与人力成本的浪费，使得员工工作效率低下，公司业绩萎缩。企业对流程的精简，主要体现在流程的优化，以及流程节点的标准化、规范化方面。

任正非在公司组织管理方面，一直强调流程变革与优化不是将企业的一切流程化和信息化，相反，而是将流程进行简化。在《华为公司基本法》中，针对流程管理有明确的规定：“提高流程管理的程序化、自动化和信息集成化水平，不断适应市场变化和公司事业拓展的要求，对原有业务流程体系进行简化和完善，是我们的长期任务。”

2016 年 10 月 26 日，任正非在发给公司员工的总裁电子邮件中，再次强调了砍掉“不产粮食”、使用量少的流程，聚焦“主航道”流程的思想。部分邮件内容如下（节选）：

你们还做出了很多成绩，我就不一一陈述。你们自己去评奖，想表彰多少人都行，奖牌可以从道德遵从委员会领取。今天我们主要谈谈下一步工作的要求和期望。

变革和 IT 也要聚焦，减少变革项目数量，IT 不能遍地开花。每增加一段流程，要减少两段流程；每增加一个评审点，要减少两个评审点。面向一线，要做好跨功能、跨部门的流程集成和 IT 集成，改变每个变革项目有自己专用 IT 系统的状况。从需求管理与结果评估入手来加强 IT 应用开发的有效性。对于生产 IT，业务部门要承担决策责任，投入使用后，没有使用量的要建立问责机制并问责。对于办公 IT，流程 IT 部要承担责任，并基于使用量来评价。我们要学习“川普”，每新增加一个流程节点，必须关闭另两个流程节点。流程必须持续简化，IT 应用及文档文件要有日落法。

第一，“不产粮食”的流程是多余流程，多余流程创造出来的复杂性，要逐步简化。回顾过去五年的变革，看看到底哪些流程使用量大。没有使用量或者使用量很少的流程，能否先把带宽供给压缩一半，支持流程的人员也减少一半；再过三个月，如果没有投诉，把带宽再压缩一半；如果还没有投诉，就只留下一名人员支持。不想升职升薪的人可以守在那里，希望进步、升职升薪的人都聚焦去消除流程断点。

流程是为“作战”服务，是为“多产粮食”服务。使用量少的流程是不是多余流程？当带宽不断减少时，可能会有人投诉，你们就去访谈，看看这个需求有无可能合并在其他流程中。当然，不能简单直接减掉一个流程，因为可能会产生断裂带，引发矛盾冲突。

不可持续的就不能永恒，繁琐的管理哲学要简化。有人说，已经走了很多复杂化道路。不经过复杂，也简化不了，如果一开始就能做出简化方案，那你是神仙。

第二，集中精力消除流程断点，打通信息流。目前公司的架构流程乱、数据断点多。甚至有些业务流程，操作人员要跳过四、五段流程，才能达到最后目的。举一个例子，以前深圳有很多断头路，之所以堵车这么厉害，因为没有微循环。后来交通改革打通了断头路，让一些车辆不用绕到主干道上，交通就比原来通畅一些。

现在我们公司的流程也比以前好了一些，但还要精简无效流程，将减下来的人员集中精力去打通“断头路”。重点打通合同信息流。目前合同中的配置数据、价格数据依然存在断点。

第三，IT 应用开发投入使用后，没有使用量的要建立问责机制并问责。对于五年内的无效流程清理，能否敢于实行问责制？谁提议开发这个流程，能否追溯他的责任？如果他提议开发，一直在使用这个流程，可以赦一半罪；如果他自己也不使用，能否狠狠处分两个人？有人在命令高级干部看无效视频，以撑大流量，这种人就是拍马屁的，一律免职。

我们不能满足客户需求多元化，每个人都会有需求也无法都满足。如果把所有个性需求上升到很重要的地步，那公司会乱成一团麻。

4.1.2 减少管理层级，结构扁平化

管理界经常称那些老牌大公司是“大象”，一些新兴中小企业称为“瞪羚”。在商业竞争中，“瞪羚”企业更加充满生机和活力，更容易后来

者居上。

传统“大象”企业中，组织管理层级较多，组织庞大臃肿。有的大型公司员工达数十万，因为层级太多，流程太多，执行力差，没有给企业带来足够的利润，甚至导致企业每年处于亏损状态。而“瞪羚”企业，由于组织扁平化，管理层级少，流程少，则像瞪羚一样体型轻盈，有足够的危机感，执行力高，战略战术也更加灵活。

其实，不管是“大象”企业，还是“瞪羚”企业，只要专注于客户，在此目标基础上使组织更加扁平化，精简层级和流程，就能显示出巨大的生命力。

当年，从事食品行业的郭士纳刚转行到 IBM 时，IBM 组织庞大臃肿，业务涉及 160 多个国家，多达数十万的员工却不能为 IBM 带来利润，年亏损超过百亿。郭士纳进行了一系列的调整，其中一项就是精简管理层级、裁减员工等，使 IBM 的组织结构变得简单有效，行动迅速。

京东总裁刘强东也同样重视管理层级的扁平化。他在管理层级方面实施 ABC 原则。所谓 ABC 原则，刘强东说：“按照级别 C 汇报 B，B 汇报 A。两级人事权，C 的加薪、辞退、奖金、股权等等都由 A 和 B 来决定。比如说，我只能管公司副总裁，招聘一个总监都不需要经过我面试，对于升职、加薪、授权包括辞退等等，我都不知道。但是我们公司设立 CEO，这是我知道的。”这样一来，京东每个工作日的支出，刘强东只需要在每周看两三张表格就能一目了然。

4.2

制衡管理：让听得见“炮声”的人来呼唤“炮火”

> 我们后方配备的先进设备、优质资源，应该在前线一发现目标和机会时就能及时发挥出作用，提供有效的支持，而不是拥有资源的人来指挥战争、拥兵自重。谁来呼唤“炮火”？应该让听得见“炮声”的人来决策。
>
> ——任正非

长期以来，很多企业组织模式都是正三角形的。领导者负责决策，员工特别是一线员工，根本没有决策权。他们唯一的任务就是执行上级决策与命令。在执行决策的过程中，他们一旦遇到问题，不会当场决策，而是一层一层向上汇报。在得到上级的指示后，才能继续下一步工作。这样一来，因无法对客户的需求做出及时回应，客户满意度也会较低。一线员工的工作绩效也会不理想。

在一些企业中，管理模式中的生产关系是自上而下的。远离市场的管理者或老板拥有公司的很多资源与权力，但却远离市场。如果他们来指挥一线员工的生产、销售、设计等，一线员工在实际工作中，就很难做到

“以客户为中心”了。

任正非很早就意识到这一点。2009 年 3 月 18 日，任正非在华为销服体系奋斗颁奖大会上的讲话中，强调华为的组织变革，“要让听得见‘炮声’的人来呼唤‘炮火’”。他提出这样一些观点：

“我们后方配备的先进设备、优质资源，应该在前线一发现目标和机会时就能及时发挥作用，提供有效的支持，而不是拥有资源的人来指挥战争、拥兵自重。谁来呼唤‘炮火’？应该让听得见‘炮声’的人来决策。”

“基层作战单元在授权范围内，有权力直接呼唤‘炮火’…… 一线的作战，要从客户经理的单兵作战转变为小团队作战，而且客户经理要加强营销四要素：客户关系、解决方案、融资和回款条件、交付的综合能力。”

“谁来呼唤‘炮火’？应该让听得见‘炮声’的人来决策。而现在我们恰好是反过来的。机关不了解前线，但拥有太多的权力与资源，为了控制运营的风险，自然而然设置了许多流程控制点，而且不愿意授权。过多的流程控制点，会降低运行效率，增加运作成本，滋生了官僚主义及教条主义。”

企业“让听得见‘炮声’的人来呼唤‘炮火’”，放权给一线，具体在落实时，需要具备以下条件，见图 4－1。

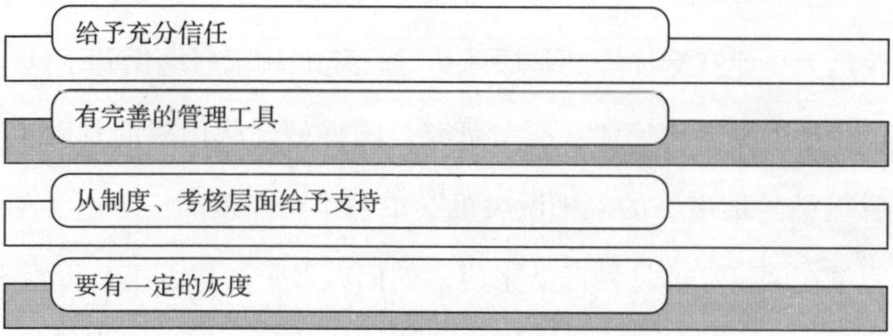

图 4－1　放权给一线的条件

给予充分信任。授权给一线，使公司的基层指挥官有一定的自主经营权、决策权。但需要在授权的同时，加入一种风险防控管理，对所授权力进行一定的监督。

有完善的管理工具。“工欲善其事，必先利其器”，企业提升流程信息化程度，有便捷的IT工具去支持实现“呼唤”。

从制度、考核层面给予支持。企业只有从制度与考核层面支持一线的“呼唤”，一线管理者才有胆量，敢发话，在第一时间解决问题。从另一个方面来说，制度与考核也会对一线管理者的决策能力起到激励成长的作用。

要有一定的灰度。企业所面临的一些问题，长久以来并没有十分完美的答案。假如基层管理者决策失误，此时就应该考虑这样一个问题：这位管理者的决策误差率高不高？如果确实非常高，那么就该换人；如果只是偶尔决策失误，这种情况下可以考虑宽容一点，给管理留出一些灰度。

4.2.1 金字塔底层高配化

美国管理学家H·米勒曾说：“真正的管理者要做的不是事必躬亲，而是要为员工指出路来。”身为企业的领导者，应充分授权、善于授权、勇于授权，为企业打造优秀的基层队伍。任正非就很好地做到了这一点。

任正非推崇军事化管理。他在研究美国特种部队作战的基础上，提出了“让听得见‘炮声’的人来做决策”的基本运作模式。

拿美军在阿富汗的特种部队来说，他们有多个作战小组，每组3个人，他们彼此了解，一位是战斗专家，一位是火力专家，一位是信息专家。在命令下达后，小组成员之间配合默契，快速歼灭敌人。美军按照炮火成本授权，一次作战的炮火成本低于5000万美元时，可不经上级批准，直接向后方下达作战命令。

任正非从美军的这种作战方式中受到启发，提出“让听得见‘炮声’的人来呼唤‘炮火’”。任正非说：“我们后方配备的先进设备、优质资源，应该在前线一发现目标和机会时就能及时发挥作用，提供有效的支持，而不是拥有资源的人来指挥战争、拥兵自重。”

华为的“铁三角”管理模式也是在这种思想的指导下提出并施行的。任正非说，铁三角的精髓是为了目标而打破功能壁垒，形成以项目为中心的团队运作模式。面对客户端的华为员工，是由三个人组成的基层团队，包括客户经理、解决方案专员和交付专员，号称“铁三角”工作小组。

每个基层小队可以在公司授权范围内，直接向公司后台下达命令，实施项目。“铁三角”的三位员工了解项目，协同性很强，训练有素，深得客户信任。

2013年，任正非在《用“乌龟”精神，追上“龙飞船”》的讲话中，提出试点“少将连长”的理念。传统金字塔组织结构最底层干部级别最低，但却是直接面对客户、面对项目的着力点。华为鼓励具有“少将能力”的人去做“连长”，解决传统金字塔的最底层配置低的问题。

华为的“少将连长”具体为：给“连长”配上“少将”头衔，提高一线基层管理人员的级别、职称和待遇等方面的水平，引导优秀人才上一线，并将权力下放给一线，按照项目的价值难度，以及已经产生的价值和贡献，来对一线管理团队进行优化组合。

任正非表示，华为要让具有“少将能力”的人去做“连长”。“支持‘少将连长’存在的基础，是你那儿必须有盈利。我不知道在座的各位是否有人愿意做‘雷锋少将’，我是不支持的。雷锋是一种精神，但不能作为一种机制。我们要从有效益，能养高级别专家、干部的代表处开始改革，‘优质资源向优质客户倾斜’。只有从优质客户赚到更多的钱，才能提高优质队伍的级别配置，否则哪来的钱呢?”

4.2.2 人单合一的倒三角架构

海尔组织从“正三角”变成了“倒三角”，可谓是张瑞敏对以往组织模式与商业模式的彻底颠覆。他说：“我们在互联网时代的人单合一战略，是为了使每个员工和用户凝聚在一起。这一战略对原有组织结构提出了颠覆的要求，必须从‘正三角’的组织变为‘倒三角’的组织才能支持战略目标的实现。”

张瑞敏表示，海尔1984年开始创业时只有600人，原来是一个濒临倒闭的小工厂，现在是一个国际化的企业，发展得比较快。在发展的过程中很多管理的东西都没有跟上，慢慢地就会有一种大企业病。“每个人都从自己利益最大化出发，最后形成一个博弈。可能是我为了自己的利益损害了公司、别人的利益，这一点在我们集团中也慢慢形成：部门间相互做一个防火墙，这样就形成一个非常大的问题。”

而“倒三角”是以“创造客户价值为核心”，“客户在最上面，然后是一线经理，员工直面客户，最后一级级下来，最高领导位于倒三角的最下面。这样企业的最高领导从原来的发号施令变成在最下端为一线经理提供资源。所有的部门在这当中都为了一线经理和客户提供资源，从发号施令者变成提供资源者。”

“集团内部的各个部门因为都要面对客户，所以要打破各部门间的壁垒，我们叫作自主经营体，大家共同来达到客户的价值”，张瑞敏如是说，

“这样做了之后有三个好处：第一，可以适应信息化时代多变、快速的市场。第二，解决内部博弈的问题，就是人单合一的文化。第三，对于传统管理会计进行新的推进和探索。”

4.3

“梦想家+建造家”=可持续发展的“大家庭”

> 我不能强迫大家在工作之余也都在一起，但可以让他们在与同事相处的时候觉得更舒服，交流得更自由。这不是一个很正式的规则。我觉得就该是这样，想都不用想。这样一来，我们就营造了一种文化，使人们可以随意交流，而且让他们能够比在官僚的机构中，或者比在个人观点不被重视的地方，更好地了解彼此的想法。因为交流更顺畅了，思想互相碰撞，最终就会有人开始着手做些什么，这样就行了。
>
> ——扎克伯格

在工业4.0时代，企业经营环境更加复杂多变。以往那种组织臃肿，层级复杂，条块分割的传统管理模式，已经不再适应这个时代。这种传统的管理模式使那些具有创新精神的员工望而却步，优秀人才不断流失，企业的创造力逐渐丧失。什么样的组织形式才更适合时代的发展，才能为企业带来持续的价值?

随着传统雇员管理方式的衰落和个体价值的崛起，个体与组织的关系已经发生变化，组织更注重员工个体价值的创造，更注重与员工形成“共生模式”，且保持一种开放式合作关系。企业组织从过去的注重员工忠诚度逐渐发展到给予员工幸福感。如今更能与这个时代相适应的是基于共享价值的“水样组织”。

所谓“水样组织”，管理学家陈春华将其定位为“像水一样的组织。水很纯净，可以洗涤掉污浊；水很柔，具有无限可能，遇圆则圆，遇方则方，变化无穷。但是它又能够克服所有困难，滴穿顽石，磨圆棱角，包容一切。这种特征表现在组织里，就是每个人习惯协同，像水一样变换。在这件事情中，你可能是最普通的人，绝对服从另一个人；在另一件事情中，你最重要，别人都要服从你。”

这样的组织建立在共享价值的基础上，具有更大的开放性和包容性。它打破了传统的层级结构，使组织结构非常扁平。现代企业中最为接近“水样组织”管理模式的，莫过于华为。华为的CEO轮岗制以及员工级别序列制，都很好地用职级代替了传统的层级结构，具有水样组织的雏形。

那么，企业该如何打造基于价值共享，能为公司带来持续价值的“水样组织”？首先应从高管团队开始，使高管团队有角色却没有结构。然后，向下推行这种组织形态，最终使得团队每个人都有强烈的责任感，不断超越自己，创造奇迹。

4.3.1 基于价值共享的领导力合作

“梦想家+建造家”是一种典型的基于价值共享的领导合作模式。很多成功的大公司，都采用了这种管理模式。在一些年轻的公司，通常创始人会继续留在自己创建的公司里，但他们不是独裁者，而是扮演“梦想者”角色，他们会引进那些经验丰富的高管来负责公司的重要事务，进而使其将运营秩序与执行力引入公司的文化之中。

比如，苹果就是“梦想家+创造家”模式。苹果的创始人乔布斯曾说：“我的业务模式就像是披头士乐队，他们有四个人，让彼此的负面趋势得到了控制。那就是我对商务的看法：商务领域中的伟大成就从来都不是由一个人完成的，而是由一个团队完成的。”

“梦想家+建造家”最为典型的是Facebook。在Facebook，首席运营官谢丽尔·桑德伯格的贡献绝不亚于马克·扎克伯格对公司的贡献。扎克伯格是Facebook的“梦想家”，而桑德伯格被称为公司的“建造家”。他们的合作被誉为“梦想家+建造家”模式。

在这种模式中，公司的“梦想家”对公司的使命有着明确的理解，会基于公司使命来构建公司的长期战略规划。他是用“梦想”来领导公司的。而公司的“建造家”则负责领导公司的各项职能，为“梦想家”的使命提供支持，确保使命的落地执行。

“梦想家”与“建造家”这两位领袖型合作伙伴都能为对方提供优势互补。在Facebook，扎克伯格的工作重点是他所擅长的领域——产品开发与平台全球化扩张。桑格伯格则具有更多的操纵运营的能力，确保公司顺利实现扎克伯格的目标，确保公司内部的稳定性和秩序性。

4.3.2 增强组织协同性、凝聚力

组织的可持续发展离不开具有强大凝聚力和协作精神的团队。团队凝聚力是一种将团队所有成员链接起来的无形的力量。在具有凝聚力的团队里，所有的成员都以大局为重，愿意与伙伴们精诚合作，为了团队共同的

目标而奋斗。而团队协作精神，则是建立在团队凝聚力的基础之上，是团队成员之间发挥团队精神、互补互助以达到团队最大工作效率的能力。对于团队的成员来说，不仅要有个人能力，更需要有与其他成员协调合作的能力。

团队合作是华为核心价值观的重要体现。华为人“胜则举杯相庆，败则拼死相救”。华为的团队凝聚力与协作精神堪称商业标杆。华为的员工基本上都是高级知识分子，华为是如何让这群聪明人围绕既定目标，相互团结，相互包容，相互协作，相互信任，相互帮助的？这离不开华为总裁任正非的领导策略——三把大刀。

第一把刀：砍掉高层的“手和脚”。任正非认为，高层就应该有使命感，有事业心。什么是使命感？有钱也干，没钱也干，我就是爱干这活。在华为公司，高层干部薪水相对要高，每年分红也要多一些，财富对他们来说仅具有符号意义。对于这批人，物质激励这种驱动力显然是很弱的，而对事业本身的热爱和激情才能激发他们的奋斗精神。

任正非强调要“砍掉高级干部的手和脚”，使他们不要用手脚的勤快来掩盖思想的懒惰，让他们只留下脑袋用来仰望星空、洞察市场和规划战略。也就是说，让高层保证公司所做的事情方向是正确的，保证工作的节奏是协调的，保证作战的资源是最优的。

第二把刀：砍掉中层的“屁股”。任正非认为，公司中层要有责任心。“什么是责任心？就是以实现公司目标为中心、为导向，对工作高度投入，追求不懈改进，向周边提供更多、更好的服务。”

任正非曾呼唤，华为公司要强大，必须要强腰壮腿。中层就是“腰”，基层就是“腿”。腰是中枢，砍掉中层干部的“屁股”。这包含三层意思，即打破部门本位主义，不能屁股决定脑袋，干部要有全局观；中层干部不能在办公室听汇报，而是要走入市场，亲赴一线；中层干部不要揣摩上司的意思，而是要以客户和市场为中心。

在华为，作为中层管理者，如果不能凝聚团队，完不成任务，没有工作激情和斗志，为个人谋利益，那么很快就会被革职。中层管理者有严格的淘汰机制，每年至少有10%的管理者要转为普通员工。这使得中层管理者产生强烈的危机感，从而不断奋斗。

第三把刀：砍掉基层的“脑袋”。任正非说：“让基层有‘饥饿感’，就是要让员工有企图心。”什么是企图心？就是让基层员工有对奖金的渴望、对股票的渴望、对晋级的渴望和对成功的渴望。”

华为一直在基层营造“饥饿感”导向。任正非曾在华为员工大会上提问大家：“2000年后华为最大的问题是什么？”大家回答：“不知道。”任正非说：“是钱多得不知道如何花。你们家买房子的时候，客厅可以小一点、卧室可以小一点，但阳台一定要大，还要买一个大耙子，天气好的时候，别忘了经常在阳台上晒钱，否则你的钱就全发霉了。”

任正非深谙人性，他知道基层招来的员工都是清高的“秀才”，因此，必须砍掉“脑袋”。不管是硕士还是博士，不能对公司的战略有所怀疑，必须遵守公司的制度和规则，且要简单高效正确做事情。

正是这样的举措，使得华为高层有决断力，中层有理解力，基层有执行力，华为各层各司其职，各谋其位，少了冲突，多了协作，进而形成具有强大凝聚力和协作性的狼性团队。

4.4

HR 三支柱崛起：从管人到管人才

> 人力资源管理，说到底是人的管理，人心、人性的管理。所以我们必须去把握那些“说不出的需求”，及时响应。所谓产品思维就是：响应不及时，将失去先机；争夺流量就会增加成本；核心功能体验差，就会伤害用户，伤害用户之后再找回是很困难的。
>
> ——马海刚

美军在管理体系方面是很先进的。在二战时期，美军是以师为作战单位的管理体系，到了越战时期，是联合营作战的管理体系，而在中东战争时期，则采取了特种小分队、特种部队、小组的作战管理体系。这是因为随着科技与社会的发展，信息系统、获利系统也都发生了革命性的变化，作战的现场也不同了，作战队伍也必须快速适应新形势，进行重组变革。企业组织如同军队组织，也需要根据时代、客户与市场的变化，做出相应的调整来适应变化。拿人力资源组织来说，如今优秀企业多开始使用“HR 三支柱模型”。其中，腾讯和华为的“HR 三支柱模型”效果尤其显著。

所谓HR三支柱模型，即：对传统的人力资源部门进行重新定义，将HR的角色一分为三，成为三个各自独立的业务单元，见图4-2。

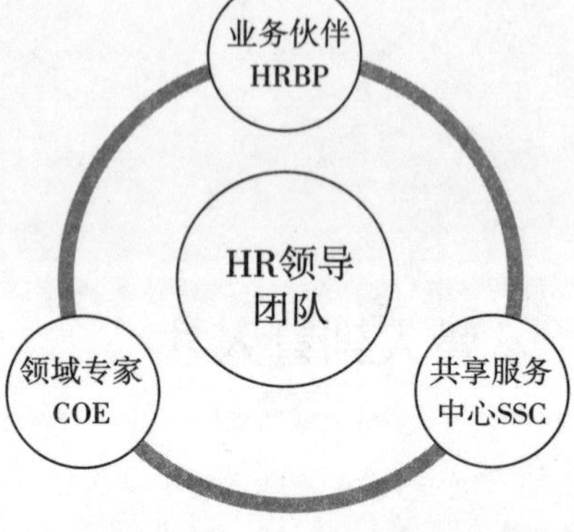

图4-2 HR领导团队

在这三个业务单元里，有人负责客户管理、有人负责专业技术、有人负责服务交付，这就出现了HR的角色进一步细分问题。这三个业务单元协同运作，实现HR的业务增值，全面提升HR的效率和效能，见表4-1。

表4-1 HR三支柱简介

HR团队	BP业务伙伴	COE领域专家	SSC共享服务中心
使命	确保HR实现业务导向，解决业务问题	确保公司政策、流程和方案框架设计的一致性、适度灵活性	确保公司服务交付的一致性
核心价值领域	业务需求挖掘与理解，与业务伙伴沟通有效度，方案落地执行度	HR的专业性、发展程度、发展趋势，工具开发与解决方案	业务归集度，响应速度，流程的精益化，服务的稳定性，BI服务
招聘	承接COE的招聘政策，进行招聘、猎聘	维护雇主品牌，招聘渠道与资源；盘点并规划公司人才方向、制度、方案	招聘人力资源管理信息化、数据化

续表

HR 团队	BP 业务伙伴	COE 领域专家	SSC 共享服务中心
培训与开发	承接 COE 培训计划，业务培训的需求挖掘与具体的培训实施	搭建培训平台，设计培训体系、职业发展体系	新员工培训，针对性培训，培训与职业发展信息化
绩效管理	参与公司 KPI 设定，使绩效评估方案设计定制化、落地实施	牵头组织 BSC 绩效管理，研究绩效管理的优化评估方案	绩效评估信息系统
薪酬福利	薪酬方案的落地	薪酬研究与薪酬策略，员工薪酬、福利的激励，处理 SSC 升级给 COE 的员工咨询	录入薪酬福利数据，解决员工薪酬咨询，发薪，窗口办事大厅
员工关系	承接 COE 员工关系政策	员工关系政策制定，处理 SSCC 升级给 COE 的员工咨询、入职、离职等管理，实习生与毕业生的接受	窗口办事大厅，入职、离职、调动办理
组织发展	诊断人才，配合进行业务组织变革	组织设计、变革，干部管理	对组织变动发文通知或修改
企业文化	承接 COE 文化政策，在业务内部进行沟通、宣传	组织氛围、沟通机制，内刊	

4.4.1 HR 三支柱模型的适用条件

最早进行人力资源组织改革，实施 HR 三支柱模型的是 IBM 公司。随后，全球其他一些大型企业相继使用 HR 三支柱模型。如今，华为和腾讯的 HR 三支柱模型是比较成功的，而传统企业海尔也曾试推行 HR 三支柱模型，但最终因面临阻碍太多，不得不退出。可以说，HR 三支柱模型的构建需要一定的基础条件，见图 4－3。

基于客户化、流程化的组织。这是构建 HR 三支柱模型的首要基础条件。当企业的人力资源真正上升到战略与业务层面，且具备系统化的业务

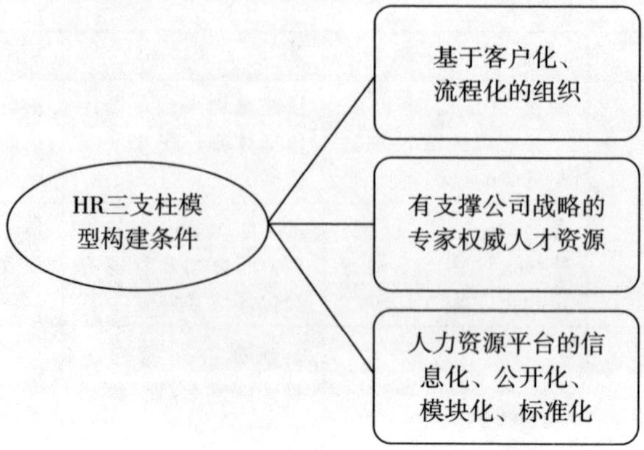

图 4-3　HR 三支柱模型构建条件

流程、完整的客户流程化体系时，才具备了构建 HR 三支柱模型的条件。

有支撑公司战略的专家权威人才资源。要推行 HR 三支柱模型，必须成立 COE（专家中心），确立专家权威。倘若企业没有足够的专家，人才短缺，要推行 HR 三支柱模型就会比较难。对于“官本位”组织模式的企业来说，推行 HR 三支柱模型更是障碍重重。

人力资源平台的信息化、公开化、模块化、标准化。SSC 和 HRBP 的前提是人力资源平台的信息化、公开化、模块化、标准化达到一定的水平，以及大数据的人力资源标准化产品的提供。从这方面来说，很多企业尚未达到这个标准，不具备推行 HR 三支柱模式的基础。

腾讯的三支柱模型的思路清晰，定位精准。腾讯的人力资源发展经历了三个阶段的变革与突破。

第一阶段：1998 年~2003 年。腾讯处于起步阶段，员工较少，没有设置独立的人事部。后来人事部逐渐形成以职能为导向的组织结构，同时，客户价值导向的理念与思想在此时期萌芽生长。

第二阶段：2003 年~2009 年。随着公司规模的扩大，人数不断膨胀，腾讯有了独立的人力资源部门。此时，腾讯的用人理念是“员工是企业的第一财富”。此时，腾讯为了进行人才储备，完善健全企业文化，开始成立企业文化管理委员会和腾讯学院。对人才的重视与培养，使腾讯飞速发展起来。

第三阶段：2009 年至今。在人力资源管理方面，于 2010 年 3 月正式提出建立专家中心、共享服务中心、业务伙伴的 HR 三支柱组织架构的概念，形成了客户价值导向的人力资源管理组织结构。腾讯的人力资源组织全面更新变革。2014 年，腾讯进一步优化 HR 三支柱模型，使其服务产品化，为客户、用户提供端到端的交付，腾讯将共享服务中心（SSC）升级为共享交付中心（SDC）。腾讯通过这种重新定位，使人力资源组织发挥前瞻性牵引作用、体系支撑作用、紧贴业务作用。

可以说，腾讯 HR 三支柱模型的成功不是偶然。一方面，它是基于公司发展壮大过程中，不断追求以客户为中心，人力资源平台不断完善，人才资源不断丰富等因素的综合结果；另一方面，腾讯在意识、思路和实践中，不断赋予传统职能意义上的 HR 更多、更大的价值，使人力资源能够上升到战略和经营层面。

4.4.2 HR 三支柱的升级与重构

有不少企业探索人力资源组织改革，想以 HR 三支柱重构企业人力资源组织。但却遇到不少来自战略、组织、人才或 HR 三支柱本身的挑战。具体表现为：

在战略层面来说，很多企业并不是以战略或需求为导向实施 HR 三支柱，而是以机会为导向。因此，HR 三支柱很难在这样的企业中茁壮成长。

战略导向的 HR 三支柱以公司组织的战略核心业务和核心竞争力为出发点，思考组织架构、组织人才与产品战略的匹配性，找到最佳匹配点来布局人力资源战略，进而从人力资源架构、HR 人才与人力资源战略的匹配性考量，实施 HR 三支柱的价值，确保人力资源管理能够以业务战略为指引，完善组织架构，提升人才核心能力。

从组织架构的层面来说，目前很多企业仍处于以职能进行分工、层级较多的传统的直线职能型组织架构。这种组织架构里，“官本位”思想严重，很难做到以客户为导向，快速对市场做出反应。而那些扁平化的组织，更适应当前的市场变化，更容易推行 HR 三支柱模型。

从人才的层面上来说，目前很多企业的人力资源部视野不够高，战略层级一般，能力存在不足。人力资源管理需要建立起适应企业战略的需求、业务发展的诉求、人才竞争的要求的新思维体系和能力体系。这样，才会使得 HR 三支柱达到预期的效果。

从 HR 三支柱自身来说，这种模式的三个角色之间有明显的两极分化现象，COE 在企业中“上不来，下不去”，且因缺少专家文化，它的作用很难充分发挥。HRBP 可以为业务提供前瞻性的人才战略地图，是非常“高大上”的工作。然而，在很多企业中，HRBP 的高层由于思维惯性，很难进行自我颠覆，在能力上进行系统性提升。SSC 的角色很难与时俱进，进行升级，在一些公司，甚至还停留在工业时代 1.0 版本的共享服务中心 SSC。只有升级到重视平台化、产品化、个性化员工服务的 2.0 版本的共享交付中心 SDC，SSC 才算是完成了角色转变。

华为、腾讯的 HR 三支柱之所以为行业树立标榜，根本原因在于它随着时代与企业状态的变化，不断进行自我颠覆，自我升级，自我完善。

以腾讯为例，腾讯的 HR 架构在运作模式方面，以“更加关注业务需求”为基础，从这个基础出发，打造和强化 COE，通过人力资源工具以及方法论确保 HR 与公司战略发展紧密关联，且始终站在战略前沿。腾讯的 HRBP 团队成员每天参与腾讯不同事业群的业务会议，了解不同事业群业务的个性化的特征，对业务需求进行诊断，给出可行性、个性化解决方案。腾讯 HR 通过高效的 EHR 信息系统，为各部门提供一站式 HR 解决方案，极大地提高了团队工作效率。

腾讯基于上述人力资源运营思路，2010 年，在保持 COE 和 BP 职能角色的同时，把三支柱中 SSC（共享服务平台）升级为 SDC（共享交付平台）。腾讯 SDC 通过对集团各区域共性 HR 解决方案的集成、人事运营服务的集成、E－HR 信息化的集成，实现对员工端 HR 基础事务的及时受理、业务端 HR 共性需求的标准交付，剥离整合 HR 内部 COE 及 BP 端 HR 运营工作。

概括来说，腾讯的 SDC 是“可依赖、可减负、有长效运营机制和支撑能力”的资源共享、能力共享和团队共享的交付平台。腾讯的 SDC 是 HR 管理架构的升级，是 HR 信息化的升级，也是 HR 服务与管控的升级。

4.5

核心创始人—部门 leader—员工

> 小米的组织架构没有层级，基本上是三级：七个核心创始人—部门 leader—员工。而且不会让团队太大，稍微大一点就拆分成小团队。从小米的办公布局就能看出这种组织结构：一层产品、一层营销、一层硬件、一层电商，每层由一名创始人坐镇，能一竿子插到底地执行。大家互不干涉，都希望能够在各自分管的领域给力，一起把这个事情做好。
>
> ——雷军

战略管理大师加里·哈默尔提出一个观点——解雇所有的管理者。哈默尔对此解释，一个公司的人员越多，就会有越多层的员工层级，规模也就越大，越复杂。每一层都需要管理人员去管理下一层的工作人员，但发号施令式的管理，很可能产生愚昧的决策。管理层之间互相踢皮球，敷衍了事，很难听到基层员工的意见和建议，而决策的决定和执行也会越来越没效率。所以，和小公司相比，大公司发展更慢；和小型机构相比，大型公共机构名声会差得多。

那么，如何避免企业陷入这种“帝国式管理”困局？最为直接的管理方式是，持续简化管理层级，对企业进行扁平化管理，使公司组织趋于扁平化。

扁平化管理是针对传统组织的“金字塔”式管理而言的。传统金字塔式组织结构为层级结构，即在一个企业中，其高层、中层、基层管理者组成一个金字塔状的结构。董事长和总裁位于金字塔顶，他们的指令通过一级一级的管理层，最终传达到执行者，基层的信息通过一层一层的筛选，最后到达最高决策者。而扁平化管理则减少了管理层次，转而增加管理幅度，使金字塔状的组织形式被“压缩”成扁平状。扁平化管理相对于传统的金字塔状的企业管理来说，具有一些显著的优势，见图4－4。

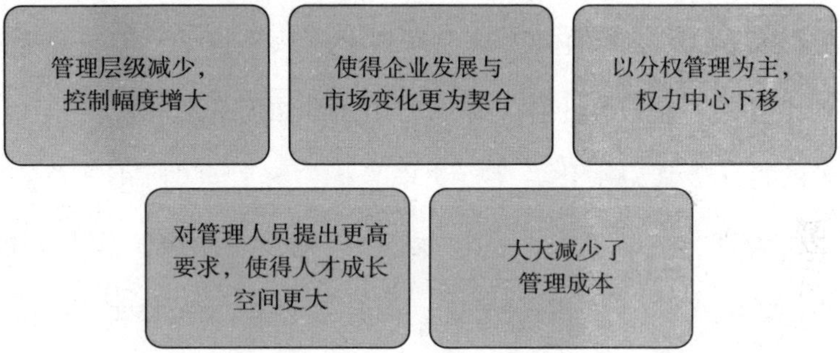

图4－4　扁平化管理的优势

最早将“扁平化管理”付诸实践的是美国通用电气公司。1981年，杰克·韦尔奇为公司首席执行官。当时，公司层级复杂，从董事长到现场管理员之间的管理层数目，多达24～26层。韦尔奇上任后，顶住压力，通过采取“无边界行动”、“零管理层”等管理措施，将公司层级减少至5～6层。这项举措瓦解了一直以来的官僚金字塔体系，为公司节省了大量的管理开支，极大地提升了管理效果，使公司业绩飞速发展。

如今，越来越多的大企业已经施行扁平化管理。可以说，扁平化管理已经成为企业管理的客观需要，也使得企业的管理效率事半功倍。

4.5.1 炸开组织官僚的金字塔，持续简化

在2015年小米成立五周年时，小米公司估值高达450亿美元。2017年，小米最新估值达到了惊人的1400亿美元，其中小米手机业务部分估值800亿美元，生态链和其他业务估值600亿美元。小米已经超过Uber成为全球估值最高的科技公司。

短短7年时间，小米公司团队人数也呈迅速扩张态势，从最初的十几名员工发展成为如今拥有8000名员工。在小米，没有工作报告，没有年终总结，更没有KPI。小米的员工从上班到下班从不打卡，但是员工却愿意每天“朝十晚十”地投入工作。那么，小米是如何管理的？

小米的管理极其扁平化，在行业里号称“轻管理”。小米总裁雷军在谈到小米的管理方式时说：“小米的组织架构没有层级，基本上是三级：七个核心创始人—部门leader—员工。而且不会让团队太大，稍微大一点就拆分成小团队。从小米的办公布局就能看出这种组织结构：一层产品、一层营销、一层硬件、一层电商，每层由一名创始人坐镇，能一竿子插到底地执行。大家互不干涉，都希望能够在各自分管的领域给力，一起把这个事情做好。”

在小米的团队中，除了七位创始人是有职位的，其他人都是工程师，晋升的唯一奖励就是涨薪。

小米的这种极端扁平化管理制度，大大减少了层级之间沟通成本，提升了沟通效率。这种管理方式还避免了企业官僚主义的滋生，使得团队成

员们不需要有太多杂念，能够全身心聚焦在产品工作上，而不是耗费在内部的团队管理上。

4.5.2 避免“官多人少”的8120法则

很多企业都是采取按需设岗、一人一岗、定岗定责的工作机制。这种管理方式，容易导致管理层级逐渐增多，出现“官多人少”的局面。这种状况持续下去，会削弱组织的活力与执行力，影响企业的可持续发展。

刘强东管理京东实行“8120 原则”。刘强东说：“我们认为一个管理人员最佳的管理数是 8 到 12 个人，让他能够有足够的时间思考战略，同时也不会很清闲。”

京东有一个“ABC 原则”，即京东只设置两级人事权，C 的加薪、辞退、奖金、股权等等都由 A 和 B 来决定。京东还有 HR 来对权力进行审核监督。这避免了一个人说了算，同时，也在一定程度上简化了公司的管理层级。

京东的“8120”法则是建立在“ABC”法则的基础上。在京东，一个管理人员管理人数不低于 8 人，如果低于这个数字，原则上会合并归入 A 层，变成一个团队。如果管理人员管理人数不超过 12 人，则不允许拆分团队。刘强东认为：“如果说我的一个副总裁管了 9 个总监，公司只有 1 个副总裁，不可能有 2 个。一个副总裁管了 12、13 或者 15，超过 12 个之后公司可以考虑设立第二个副总裁。”对于公司最基层的管理人员，因业务单一，京东的要求是，每个管理人员管理人数不低于 20 人。京东的“8120”法则通过减少层级，增加同层级管理幅度来避免“官多人少”的现象，从而有效地提升团队执行力，减少管理成本。

4.6

终结组织黑洞——山头、腐败与倦怠

> 我们要不断激活我们的队伍，防止“熵死”。我们决不允许出现组织“黑洞”，这个“黑洞”就是惰怠，不能让它吞噬了我们的光和热，吞噬了活力。
>
> 做事业就像舞龙，龙头要抬起来，这就是方向，大致要正确，更重要的是随后龙身子要舞动起来，要有力，整个龙才能舞起来、活起来。说的就是这个道理。
>
> ——任正非

任正非说：“做事业就像舞龙，龙头要抬起来，这就是方向，大致要正确，更重要的是随后龙身子要舞动起来，要有力，整个龙才能舞起来、活起来。说的就是这个道理。”他认为，华为的发展遵循这样的基本逻辑——方向要大致正确，组织必须充满活力。因为，只有充满活力的组织，才能确保公司走向的正确性以及战略的执行力。

华为一直坚持公司不上市。比起别的企业，华为低调且务实。华为的整个组织，上上下下都具有持久的战斗力，他们秉承艰苦奋斗的精神，永远充满激情活力。

当然，华为的这种组织活力并非一直保持的。华为在成为一个大公司后，山头、腐败和倦怠等这些大企业普遍性的问题，也都集中出现过。比如：团队工作效率低，缺乏工作热情；机构冗余，决策缓慢；山头、体系、派别林立；腐败滋生……在那时，如何唤起组织活力成为华为面临的第一要务。

任正非奉行“熵减”的管理哲学，以此来激活组织和组织中的人。熵减管理是将物理学中的熵减原理运用于管理的方法论。熵减管理简而言之，是指在任何一种管理组织中，在相对封闭的组织运动过程中，总会呈现出有效能量逐渐减少，而无效能量不断增加的一个不可逆的过程。

任正非从中得到启发，在管理方面，使华为不断从失败中总结经验，将危机意识融入组织建设，进行自我批判，鼓励奋斗精神，点燃组织的梦想和激情，不断以强健组织的正能量来战胜导致组织黑洞的“暗能量”。

4.6.1 以CEO轮值来削平“山头”

当公司从小的规模发展壮大后，公司里很容易出现“山头主义”。立山头，创帮派的都是曾经为公司发展立下汗马功劳的“大将”，他们的目的就是为了守住自己的利益。如果公司任由这种山头主义发展，必然会形成“诸侯割据”的公司文化。

华为在早期十几年的时间里，也曾出现过这种“山头主义”。因为在华为的创业阶段，像大多数民营公司一样，谁为公司拿到合同，拿到救命钱，带来订单，谁就是公司的英雄。这是由于在企业的原始积累阶段，个人英雄主义起文化主导作用的结果。这一方面带来了公司的飞速发展，在另一方面，拉帮结派的问题越发严重。

经过10年的发展，到了1998年，华为超越了大陆地区当时所有的对手，大唐、中兴、巨龙等，成为大陆地区的冠军企业。此时，任正非更多的是反思和探索。任正非认为，当企业发展到一定规模，特别是盈利后，英雄们的英雄情结所衍生出的欲望、野心和利益，会撕裂组织，扭曲组织的团结精神与凝聚力。

在《一江春水向东流》一文中，任正非谈到："到1997年后，公司内部的思想混乱，主义林立，各路诸侯都显示出他们的实力，公司往何处去，不得要领。"

在这种背景下，任正非请人民大学的教授讨论建立了《华为基本法》。自此，开始形成了所谓的华为企业文化，华为人开始统一认识。

2004年，华为建立EMT（Executive Management Team），由8位领导轮流执政，每人半年。经过两个循环，演变为华为的轮值CEO制度。任正非在《一江春水向东流》一文中，说了这样一段话：

"也许是这种无意中的轮值制度，平衡了公司各方面的矛盾，使公司得以均衡成长。轮值的好处是，每个轮值者，在一段时间里，担负了公司COO的职责，不仅要处理日常事务，而且要为高层会议准备起草文件。这大大地锻炼了他们。同时，他不得不削小他的屁股，否则就达不到别人对他决议的拥护。这样他就将他管辖的部门，带入了全局利益的平衡，公司的'山头'无意中在这几年削平了。"

4.6.2 将权力关进制度的笼子

黑格尔曾说："权力导致腐败，绝对的权力导致绝对的腐败。"当公司发展壮大到一定程度时，腐败的问题很难避免。企业中各级干部在享有一定权力的同时，也不可避免地要面对各种各样的诱惑。此外，随着企业权力不断下放到一线，腐败的可能性也逐渐从领导干部向整体蔓延。

组织腐败多是缺乏监督权力的制度。因为企业规则、制度的不健全，使得一些一线管理者无视公司规则，为自己设置特权，进而发展到利用自己的权力去获取不正当的利益。

企业在授权的同时，也必须将权力关进制度的笼子里，使权力得到一定程度的束缚与制衡。如此，才能使权力的行使更加公正、无私。

在腐败问题上，华为采取自我批评与监督机制来“将权力放在制度的笼子里”。任正非说：“我们敢于接受群众监督，形成他律。自律与他律相结合，形成的组织氛围必然是正向、积极的，也提供了流程不完备时的‘自愈’机制。”

从2007年开始至今，华为高层、各片区、部门一直坚持自律宣誓活动。宣示内容包括：不迎来送往，不贪污受贿，不动用公司资源，不说假话，不捂盖子等。华为以自律宣誓来增强组织的纪律性，保持干部队伍的廉洁性，为铁的纪律提供了持续发展的力量。

“心声社区”是华为的内部网站，员工可以在心声社区里就公司的任何政策、方向、事务等，发表个人意见，进行讨论。华为的心声社区氛围开放，员工的言论有时也非常尖锐刺耳。

一次，心声社区的负责人找到任正非，说有员工发表了帖子批评公司某高管，这位高管要查发帖员工的工号。任正非就让负责人拿着自己的工号给那位高管。结果，这位高管拿着任正非的工号去查，一查发现是老板的工号。

华为心声社区向来被称为“透明的玻璃社区”。在这个平台上，员工什么话都可以讲出来，但是不允许公司高管去随便调查。心声社区起到了很好的权力监督作用，它使组织远离黑洞，越发光明向上。

4.6.3 消除倦怠，打造“狼性”团队

刚进入公司的新员工，多半会努力工作，积极向上，对工作充满热爱与激情。来公司3年之内的员工，每天工作超过10个小时是很正常的事，有的甚至常常主动加班到晚上9点左右。

但是，随着员工工龄的增长，很多员工在某些阶段会慢慢失去斗志，变得怠慢起来。这种处于倦怠状态的老员工，很可能是工作数年，看不到前途，仍旧原地踏步；也可能是因出色，屡次被提拔，到达一定层级后，就失去了“狼性”斗志。

不管出于什么样的原因，处于倦怠状态的员工已经是“害群之马”。他们的存在，会对组织产生消极影响，组织的效率也会整体下降。

华为注重培养组织的“狼性”，任正非认为，狼是企业学习的榜样，员工应学习并使自己具有“狼性”。他说：“发展中的企业犹如一只饥饿的野狼。狼有最显著的三大特性：一是敏锐的嗅觉；二是不屈不挠、奋不顾身、永不疲倦的进攻精神；三是群体奋斗的意识。同样，一个企业要想扩张，也必须具备狼的这三个特性。”华为的“狼性文化”可以概括为：学习，创新，获益，团结。其中，学习和创新代表“敏锐的嗅觉”；获益代表永不疲倦的进攻精神；团结则带代表群体奋斗的精神。华为员工的“狼性”并非天生的，而是来自于华为的管理方式。

华为的员工培训使华为构建了从新员工成长到高绩效的实效型人才的培养体系。华为每年投资数亿用于培训，在华为看来，培训员工是投资而

不是预算。华为的培训不是新员工出现问题后的救火，而是企业提高员工受雇能力的有力工具。华为的培训系统是非常完善的，有专门培训岗位、培训师和培训计划等。

此外，华为有严格的考核评估，对员工的培训效果进行检验、考核、评估。评选后进行严格的任职资格考试，考试结果纳入组织考评体系。这直接关系到员工加薪、晋升等职业通道。

在团队激励方面，华为采取“物质激励＋精神激励”的激励措施，并使二者有机结合，从而保证了华为的营销团队永远活力充沛，在战场上充满了战斗力。

华为的绩效管理是以责任结果为价值导向，并以此来建立一种自我激励、自我管理和自我约束的机制。通过管理者与员工之间持续不断地设立目标、辅导、评价和反馈，促使员工不断提升工作执行力。

EQ

第 5 章

激励管理：让员工像老板一样工作

企业激励不到位，常会出现这样的现象：员工虽然收入高，但斗志低；身在曹营心在汉，时不时想着跳槽或另立山头；对工作缺乏热情，没有团队归属感……有鉴于此，企业需要在激励层面加以完善，比如灌输危机意识，以奋斗者为本，完善考核机制等。一旦企业的激励做到位，员工的工作积极性就能充分调动起来，像老板一样自动自发，最终实现卓越绩效。

5.1

离公司破产永远只有 18 个月

> 对于企业，我一直抱有这样的观念："微软离破产永远只有 18 个月！"这不是危言耸听，是我对于信息革命冲击下的商业竞争本质的深切体会。这个世界并不在乎你的自尊，只在乎你做出来的成绩，然后再去强调你的感受。
>
> ——比尔·盖茨

对于一家企业来说，最大的风险莫过于缺乏危机意识。几乎所有成功并屹立不倒的企业，从上到下，都有一种深入骨髓的危机意识。

美国危机管理学者菲克普曾对《财富》杂志排名前 500 强的大企业董事长和 CEO 做过专项调查，结论为：80% 的被调查者认为，现代企业面对危机，就如同人们必然面对死亡一样，已成为不可避免的事情。有 14% 的人承认，曾经受到严重危机的挑战。可以说，但凡做大做强的企业领导者，内心深处的危机意识已经根深蒂固。

比尔盖茨说："微软离破产永远只有 18 个月"；李彦宏在百度公司文化中加入一句："百度离破产永远只有 30 天"；张瑞敏经常用"战战兢兢，

如履薄冰”来激励海尔的所有员工；华为老总任正非，每年都说华为即将过冬或已经处于冬天；新东方的俞敏洪则说：“新东方走到现在，再不变就得死。”

这些商界大佬，为什么能够带领企业持续强大？其中危机意识是主要原因之一。在这些商界大佬的眼中，每一天都危机重重，必须时刻保持警惕。生于忧患、居安思危、未雨绸缪已经渗透在他们的管理思维中。

正是有了危机感，他们才不会被 KPI 业绩迷失了方向，才能激发管理层和员工的激情与活力，使整个公司所有成员时刻保持清醒的头脑，不断提升企业的创造力和开拓力，从而使得企业蒸蒸日上。管理者要善于创造危机，用危机来激励员工，让员工时刻保持高度的警惕性，使公司避免陷入被动，才能步步为营。

5.1.1 向员工灌输前景危机意识

互联网+时代，各个行业之间的更新和淘汰的速度也越来越快，一些超级巨鳄可能瞬间倾覆，而一些名气并不大的企业可能如日中天。如果企业的员工一旦缺乏危机意识，安于现状，不思进取，那么这种思想就会决定了他的工作态度和工作效率，甚至对企业造成极大的负面影响。

说到底，危机意识其实就是一种最为根本的生存意识。但凡卓越的企业，企业管理者总会源源不断地向员工灌输危机观念。这些危机观念，最为常见的有以下三类，见图 5-1。

向员工灌输企业前途危机意识。随着全球经济竞争日趋激烈，管理者需用“危机管理”或者“末日管理”来让员工认识到危机是确确实实存在的。虽然企业取得过一定的成绩，但都只是历史，在竞争激励的市场中，

图5-1　三种危机观念

企业随时都有被淘汰的危险。而要规避危机，道理只有一条，那就是全体员工都努力工作，使企业更加强大，才能立于不败之地。

在2016年的贴吧事件和魏则西事件后，李彦宏发出了一封“勿忘初心，不负梦想”的内部邮件，主题就是：“如果失去了用户的支持，失去了对价值观的坚守，百度离破产就真的只有30天！”李彦宏曾在媒体面前坦言自己一直有深深的危机感：“如果我们做得不够好，就有可能陷入很被动的地步。所以，我一直跟员工讲，百度离破产只有30天。如果你30天停止工作，这个公司就完了。”

向员工灌输企业的产品危机。有着100多年历史的柯达为什么说倒下就倒下？手机霸主诺基亚为何说破产就破产？原因就在于：缺乏对产品的危机意识。危机感是产品的第一生产力。管理者要让员工们明白：能够生产出同样产品的企业比比皆是，具有好口碑的企业也并非只此一家。要想让消费者对企业的产品情有独钟，产品必须持续创新，不断完善升级。

曾经风靡一时的凤凰自行车，在全国拥有46家联营厂。台湾有一家叫作巨大集团的公司曾与其合作。某段时期，自行车市场状况每况愈下，巨大集团建议进行技术革新，但凤凰一直缺乏足够的危机感，认为自己的技术已经很强大。后来，中国自行车小企业遍地开花，虽然质量不如凤凰，但价格却是凤凰的1/3，凤凰也迅速被市场蚕食。此时，巨大集团认为凤凰应升级品质。凤凰依然没有认同。后来，凤凰相继经历几次市场风雨之后，终于被打垮。而与它合作的巨大集团，依靠自主研发，技术升级，创制了自行车第一品牌捷安特。

向员工个人灌输他们的个人前途危机。企业的危机关系到员工个人的前途。领导者在向员工灌输危机意识的时候，不仅仅要让员工明白企业的艰难处境，更要让员工明白这种危机给他们的工作、生活带来的负面影响。让员工产生“人人自危”的意识，明白“如果不努力，可能很快就要努力去找工作。”“好工作机会不可多得，必须好好珍惜。”如果员工将企业的危机与个人的前途危机紧密联系起来，就会营造出一种积极向上的工作氛围，重燃对工作的激情，从而充满干劲，执行力大大提升。

5.1.2 “自己打自己”的危机激励

《孙子兵法》上有这样一句话：“昔之善战者，先为不可胜，以待敌之可胜。”大意是说，以前擅于指挥作战的人，先要做到不会被敌人所战胜，然后再战胜敌人。

领导者要想将危机激励落到实处，必须高度重视产品创新和技术创新，充分调动员工的工作积极性和内动力，使团队具备强大的战斗力，使得产品具备竞争力，使得技术不断完成升级。当公司的团队、技术、产品都无法被战胜时，才能在商场立于不败之地。在必要的时候，领导者甚至可以采取“自己打自己”的危机激励机制。

马化腾认为，一个公司大了，员工一旦缺少危机感，容易产生自满、安逸和膨胀情绪，容易内斗。因此，马化腾特别注重危机管理。他身体力行，把危机感往下传递，“用多个小地震化解一个大地震”。为了不被对手打败、干掉，腾讯从上到下保持强烈的危机意识，不断“自己打自己”。

尽管腾讯的 QQ 早就是人们很重要的社交工具，但是腾讯并没有因此裹足不前。一方面推出微信，一面对 QQ 的进化持续升级。微信的崛起，不但没有使 QQ 成为过去式，甚至从某种程度上激活了 QQ 的“潜质”。

马化腾曾多次说：“微信如果不是腾讯做出来，不是自己打自己，是在另外一个公司的话，我们可能根本就抵挡不住。”“外面给你掌声的时候，是最危险的时候。永远要想到，好多大公司都那么轻易并且不可预测地倒下了，有些尸体都还温着。”

为了更好地“自己打自己”，腾讯还大搞内部竞争机制，手机 QQ 与微信，微信事业群与社交网络事业群都是典型的内部对标竞争机制。就拿开发微信这件事来说，马化腾在媒体面前不止一次说过：“我们当年有三支团队同时开发微信，谁先出来就是谁。”这种“自己打自己”的内部竞争机制，还被腾讯各事业群应用到各环节，从而有效地激励了各个团队的斗志，使员工自发向上，不断创造出更多的业绩。“自己打自己”，使得人人自危，而腾讯也在这种内部危机激励中变得越发强大而难以被战胜。

5.2

以奋斗者为本，人人都是奋斗者

> 不可能容忍懒人，因为这样就是对奋斗者、贡献者的不公，这样对奋斗者和贡献者就不是激励而是抑制。幸福不可能从天降，只能靠劳动来创造，唯有艰苦奋斗才可能让我们的未来有希望。除此之外，别无他途。从来就没有什么救世主，也不靠神仙皇帝，要创造幸福的生活，全靠我们自己。
>
> ——任正非

人是企业价值与利润的创造者，是企业成长的力量源泉。但即便如此，企业也不能单纯地“以人为本”，不能无原则的员工至上。企业必须在管理的层面，以奋斗者为本，才能激活企业的正能量。

任正非说：“有成效的奋斗者是公司事业的中坚，是我们前进路上的‘火车头’‘千里马’。我们要让‘火车头’‘千里马’跑起来，促进对后面队伍的影响；我们要使公司15万优秀员工组成的队伍生机勃勃，英姿风发，你追我赶。”

当然，在一个企业中，员工的性情各异，既有勤奋者、奋斗者、贡献者，也有偷懒者，有不作为、乱作为、假作为和不创造价值者。如果企业没有形成完善的激励机制，没有“以奋斗者为本”的氛围，不惩罚、淘汰懒人、庸人，那么必然直接导致组织惰怠，使企业失去持续生存和发展的能力。

比如，在某家公司，当项目遇到难题时，团队成员之间，不是团结一致迎着困难上，而是互相推诿，避重就轻，经常扯出一些冠冕堂皇的理由，如“要生二胎，需要照顾家人”“最近安排的项目多”等。很显然，这样的公司缺乏奋斗氛围。那么，一家公司如何才能激发员工的干劲，使员工们面对困难，有激情高昂、奋勇争先、攻坚克难的奋斗精神？如何才能使员工成为卓越的奋斗者？

企业应“以奋斗者为本”，要创造以奋斗者为本的人才机制和文化土壤，在制度层面抑恶扬善，淘汰懒人、庸人、无价值的人，激励人人奋发向上，使得公司人人都是能为企业创造价值并增强企业竞争力的奋斗者。一般来说，企业的奋斗者具有以下几方面特征，见图5－2。

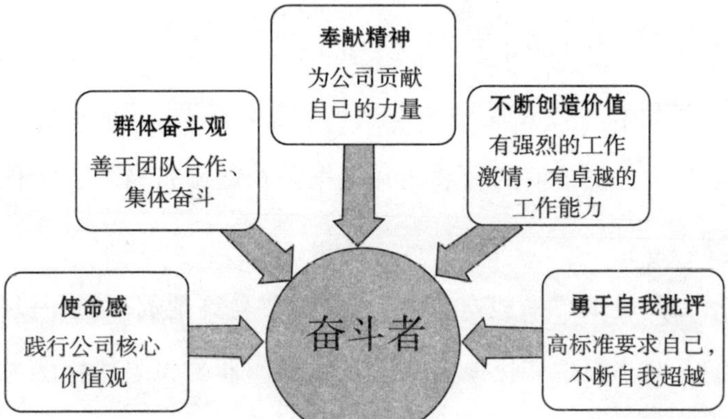

图5－2　奋斗者定义

而以奋斗者为本的人才机制，一要使公司的价值分配、薪酬制度、晋升通道、荣誉、职权、资源等向奋斗者和贡献者倾斜；二要在企业文化层面，为奋斗者树立清晰的企业愿景与共同的奋斗目标，在企业内部形成奋斗者正能量企业文化，使奋斗者有归属感和成就感，能竭尽全力地发挥自己的优势，为企业不断创造价值。

5.2.1 分配向奋斗者倾斜

企业讲究以人为本，要发自内心对每一位员工好，员工才会心存感激，为企业创造更大的价值。华为在以人为本的基础上，强调“以奋斗者为本”。华为认为，只有奋斗者才能为企业创造更多更大的价值，才是企业发展的根本。

在华为倡导奋斗者文化的大背景下，并不是员工提交了奋斗者申请就是奋斗者了。判断员工是否是奋斗者还是主要看其绩效表现。那么，在华为，什么样的员工算奋斗者？任正非在2011年4月14日组织股改讨论中，明确将华为的员工分为以下三类，见图5-3。

在任正非看来，对于第一类员工“普通劳动者”，华为会按照法律相关的报酬条款，保护他们的利益，并根据公司的经营情况，给他们稍微好一点的报酬。

对于第二类员工“一般奋斗者”，华为要允许他们不是积极的奋斗者，可以给他们一些小岗位，让他们踏踏实实做小职员，当然报酬方面可以比规定报酬稍高一些。

对于第三类员工“卓有成效的奋斗者”，他们是公司价值的主要创造者和分享者，公司需要他们，公司会通过分享奖金与股票的方式，鼓励这

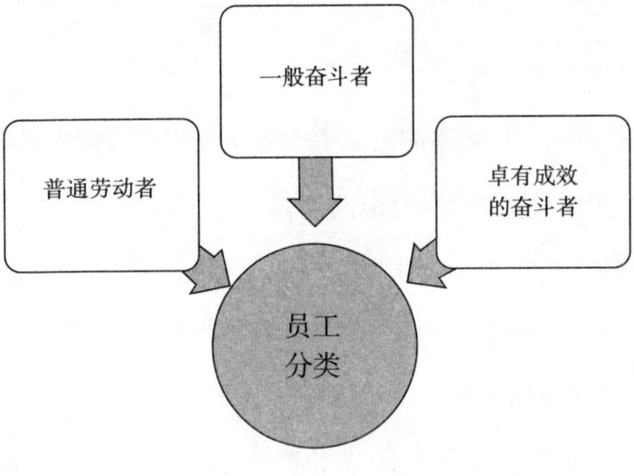

图5－3　员工分类

部分中坚力量，并使越来越多的人渴望走进这支队伍，最终使得人人都是奋斗者。具体来说，华为对于奋斗者的分配激励机制包括这些方面：

在薪酬体系方面，坚持“以奋斗者为本”的分配导向，将奖金、股权、工资、荣誉、机会、职权、晋升、成长等多元的激励要素融入薪酬体系，以此驱动奋斗者坚持奋斗，不断创造出更多的价值。从合伙人这个激励要素来说，华为引入新的合伙机制，使奋斗者与企业形成事业命运共同体，让奋斗者更有担当，更有归属感、成就感和幸福感。

在评价约束机制方面，识别并区分真正的奋斗者，对奋斗者进行客观、公正的价值评价，制定奋斗者行为规范与“军规”，划定奋斗行为红线，激励人人争当奋斗者，使奋斗者源源不断脱颖而出。干部的选拔也要从奋斗者中诞生，优先提拔从主攻战场、一线和艰苦地区的积极奋斗者；优先提拔具有自我批判精神和奉献精神的积极奋斗者。让奋斗者得到更多的资源与机会，承担更大的责任，创造更高的成就，并以点带面，使整个团队在积极奋斗者的影响下充满生机。

5.2.2 牵引机制：共同信念

公元1863年，太平天国的石达开带领数万大军进驻大渡河边的紫打地。他们已经被清军包围。大渡河两岸高山，一河怒水，惊涛澎湃，异常凶险。为了尽快渡江，石达开曾以重金收买当地少数民族统治者土千户王应元、土司岭承恩。但清军的开价更高。在利益的诱惑下，这两位马上反水，与清军一起让石达开军队全军覆没。

而红军当年和石达开军队有过相似的经历，也是在大渡河要突破重围，且红军当时的条件要差很多，但红军用使命感来激发共同的仇恨。小叶丹宁可牺牲也不背叛红军，于是，结局大反转。

红军有信念，共同的信念能激发群体力量来突围。而没有信念的军队或战友，在利益面前，很容易出现倒戈。企业管理也是如此，企业除了分好钱之外，一定要有共同的信念。没有信念牵引，就是一个个体户的集中营。如果团队成员人人有信念，人人都愿意为特定的企业目标去奋斗，那么，企业自然而然就会飞速发展且壮大。

马云认为“价值观”和“使命感”是企业生存之道。马云曾在2000年下半年到2001年“西湖论剑”做了三件大事，即：“延安整风运动”“抗日军政大学”和“南泥湾开荒”。在这三次“整风”运动中，马云辞退了一些与阿里价值观、使命感不一致的员工。

正是因为阿里巴巴的团队有共同的使命、目标与价值观，才能让每一位阿里人拧成一股绳，齐心协力为阿里奋斗。而阿里巴巴也因这些奋斗者，逐渐有了种种优势，开始吸引越来越多的企业用户，最终成为目前全球最大的电子商务平台。

5.2.3 奋斗者的淘汰机制

在员工大会上，任正非曾发表过这样的讲话：“华为是没有钱的，大家不奋斗就垮了，不可能为不奋斗者支付什么”。“我承诺，只要我还飞得动，就会到艰苦地区来看你们，到战乱、瘟疫……地区来陪你们。我若贪生怕死，何来让你们去英勇奋斗。”奋斗者听了热血沸腾，而那些不奋斗的员工听了也战战兢兢，开始努力追赶。任正非的这种管理思路，就是典型的“能者上，庸者下”。

华为一直实行竞争淘汰机制，目的是使奋斗者脱颖而出，使懒人、庸人、占着位子不作为、不创造价值的人出局。华为对员工的管理基本上沿用了美国“财富500强”大公司过去几十年普遍使用的“活力曲线”管理法。通俗来说，就是10%末尾淘汰制。华为在年终绩效考评中，会剔除考评最差的5%的员工。在经济环境险恶时许多公司裁掉的人数远多于这个百分比。华为还通过评价来进行强迫退休，在年龄限制上更为严厉。

任正非说：“不可能容忍懒人，因为这样就是对奋斗者、贡献者的不公，这样对奋斗者和贡献者就不是激励而是抑制。幸福不可能从天降，只能靠劳动来创造，唯有艰苦奋斗才可能让我们的未来有希望。除此之外，别无他途。从来就没有什么救世主，也不靠神仙皇帝，要创造幸福的生活，全靠我们自己。”

5.3

360 度考核价值观，划出员工的三六九等

> 京东公司的内部几张表格，第一张表格叫能力价值观体系。这是京东第一张管人的表格，最重要的表格。我们选人、留人包括辞退员工，用的都是这张表格。
>
> ——刘强东

可口可乐的核心价值观是“自由、奔放、独立掌握自己的命运”；飞利浦公司的核心价值观是“客户至上、言出必行、人尽其才、团结协作”；福特汽车的核心价值观是“客户满意至上，生产大多数人买得起的汽车”；沃尔玛的核心价值观是“尊重每一位员工，服务每位顾客，每天追求卓越”；星巴克的核心价值观是“为客人煮好每一杯咖啡”……

美国企业管理学家斯坦·斯莱普认为，最优秀的领导人通过将其价值观贯彻到工作之中，来激励自己的团队。领导者需要自问：员工们是否能毫不犹豫地在一个长长的清单中选择你的价值观？他们是否能描述出支持这些价值观的各种益处？

所谓企业的价值观，是指企业及其员工的价值取向，是指企业在追求

经营成功过程中所推崇的基本信念和奉行的目标。在优秀的公司中，企业价值观是稳定的，是将所有员工联系在一起的纽带，更是企业生存发展的内在动力。

对于企业来说，只有企业中员工的价值观与企业文化有较强的匹配度时，企业的价值观才能对员工的行为起到导向和规范作用，从而产生出强大的凝聚力，推动企业的车轮不断前行。

5.3.1 以价值观来选人、用人

企业的管理层多有成熟的激励方案，物质激励、情感投资、兴趣诱导等，但是如果员工没有与公司匹配的价值观，那么就很难从心底深处来热爱这份工作，融入这个团队。一旦别的企业出高薪挖人时，与企业价值观不符的员工就会辞职跳槽。而如果将价值观、使命、意义等精神层面因素与管理挂钩，使员工们有统一的价值观和宗旨，那么，就会从根本上调动起员工的积极性，使得上下团队一心，朝着共同目标奋斗。

京东就重视员工的价值观管理，将价值观作为企业选人、用人的首要标准。京东总裁刘强东指出，能力价值观体系是京东第一张管人的表格，最重要的表格，京东用它来选人、留人，包括辞退员工。京东通过价值观体系与员工的匹配度，将员工分为以下五类：

- 废铁——能力一般，价值观与公司不匹配；
- 铁——价值观与公司很匹配，但能力不达标；
- 钢——能力和价值观与公司匹配度在 80 分到 90 分之间；
- 金子——能力和价值观与公司高度匹配；
- 铁锈——能力很高，但价值观不匹配。

对于“废铁”型员工，京东会在招聘时就筛查掉。京东公司用人价值观第一，能力第二。“一个人价值观不匹配的话，我们从来不用”，能力放在第二位考核。对于“铁”型员工，京东一般会给予他们至少一次转岗的机会，通过培训或转岗使他们发展完善自己，如果还是不达标，就会请他走。“钢”型员工，是京东的员工主体，是稳定的中坚力量，这类员工占80%左右。对于“金子”型员工，他们的价值观与公司的价值观最为匹配，能力也很高，他们在公司团队中占据20%左右，公司会给这些员工更大的发展空间。对于“铁锈”型员工，虽然能力非常高，业绩很好，但价值观与公司很不匹配，京东认为，这种员工破坏性最大，宁可职位空着，也不允许这类员工加入公司。

京东每年还要对员工的价值观进行匹配考核，“每年我们所有公司中高级管理人员，副总监以上都要做一次360度的考核，包括他的能力，一年连续四个季度的业绩拿出来得分，通过360度访谈，对他的同级、上级和所有的下属进行访谈，进行无记名打分投票。”公司以此为标准来选人、用人，使团队与企业价值观统一，使团队能长期处于粘合力最强的稳定结构，从而最大程度激发员工的工作积极性，提高员工的执行力，使企业与个人获得双赢。

5.3.2 360度考核价值观

虽然企业大多倡导员工形成统一的公司文化价值观，但多是表现在口号上，很少对价值观进行考核。毕竟价值观表现在人的思想层面，将其量化考核有一定难度。但是阿里却做到了，而且阿里的价值观考核占到员工绩效考核的50%，并长期地执行。

阿里巴巴的成功，在很大程度上是以阿里价值观体系为代表的阿里文化的成功。阿里的价值观最初是“可信、亲切、简单”，后来发展为“独孤九剑”，即：创新、激情、开放、教学相长、群策群力、质量、专注、服务与尊重、简易。后来又简化为必须考核的六条，被称为“六脉神剑”，即：客户第一、团队合作、拥抱变化、诚信、激情、敬业。阿里还将“六脉神剑”中的每一条细化为五条，并针对这些进行价值观的考核，见表5－1。

表5－1 阿里针对价值观的考核

一	客户第一： 客户是衣食父母	1. 无论何种状况，微笑面对客户，始终体现尊重和诚意 2. 在坚持原则的基础上，用客户喜欢的方式对待客户 3. 站在客户的立场思考问题，最终达到甚至超越客户的期望 4. 平衡好客户需求和公司利益，寻求双赢 5. 关注客户需求，提供建议和资讯，帮助客户成长
二	团队合作： 共享共担，平凡人做非凡事	1. 乐于分享经验和知识，教学相长 2. 以开放的心态听取他人的意见，表达观点时，直言有讳 3. 在工作中，群策群力，拾遗补缺，不是自己分内的工作，也不推诿 4. 决策前充分发表意见，决策后坚决执行 5. 有主人翁意识，积极参与，促进团队建设
三	拥抱变化： 迎接变化，勇于创新	1. 对于行业和公司的变化，认真思考并充分理解，积极接受 2. 对于变化对个人产生的影响，理性对待，充分沟通，诚意配合 3. 面对变化，积极影响和带动同事 4. 在工作中具备前瞻意识，不断尝试新方法、新思路 5. 即使变化后产生了挫折和失败，也能重新调整，以更积极的心态拥抱下一次变化
四	诚信： 诚实正直，言出必践	1. 胸怀坦荡，对事不对人 2. 言行一致，不受利益或压力的影响 3. 勇于承认错误，敢于承担责任 4. 不传播未经证实的消息，不背后不负责任地议论事和人 5. 坚持原则，不随意承诺或妥协

续表

五	激情： 乐观向上，永不言弃	1. 对公司、工作和同事充满热爱 2. 以积极的心态面对困难和挫折，不轻易放弃 3. 不断自我激励，自我完善，寻求突破 4. 不计得失，全身心投入 5. 始终以乐观主义的精神影响同事和团队
六	敬业： 专业执着，精益求精	1. 今天的事情不推到明天，自己的事情不推给别人 2. 专注工作，做正确的事情 3. 在工作上以较小的投入获得高效的产出 4. 以专业的态度，平常的心态对待每件事 5. 持续学习，不断提升，今天的最好表现是明天的最低要求

阿里的价值观考核采用通关制，即如果第一条没有做到，第二条、第三条做到也没有用。拿“客户第一”这一价值观来说，它包括5条。第一条为“无论何种状况，微笑面对客户，始终体现尊重和诚意。”如果这一条的1分得不到，后面的分数也就得不到。

阿里以价值考核的结果来作为评价人才的重要标准，也是激励人才不断完善自己的一种重要激励机制。阿里蚂蚁金服董事长彭蕾说：“我现在也还是一直强调，价值观不是用来惩罚人的，而是一个扬善方法，它可以把人好的方面、正确的思考方式展现出来”。

彭蕾认为，阿里的价值考核就像一根绳子。在阿里队伍扩张时，抓住这根绳子，才得以保持阿里巴巴文化的凝聚力，才能在激流险滩中不被冲散。阿里的价值观绩效考核，其实就是不断地把价值观融入渗透到公司文化的血脉中。

5.4

小改进大奖励，大建议只鼓励

> 贯彻小改进、大奖励，大建议、只鼓励的制度。追求管理不断的优化与改良，构筑与推动全面最佳化的有引导的自发的群众运动（说明：能提大建议的人已不是一般的员工了，也不用奖励；一般员工提大建议，我们不提倡，因为每个员工要做好本职工作。大的经营决策要有阶段的稳定性，不能每个阶段大家都不停地提意见。我们鼓励员工做小改进，将每个缺憾都弥补起来，公司也就有了进步）。
>
> ——任正非

在华为，有一件传播很广的事情：某年，华为来了一位新员工，他曾是北大的高才生。他刚到华为，就觉得公司问题多多，尤其是经营战略方面。于是，他洋洋洒洒写了一封万言书给任正非。这位北大的高才生原本以为任正非看完自己的建议，一定会给予肯定或表扬，却没想到任正非如此批复："此人如果有精神病，建议送医院治疗；如果没病，建议辞退。"

从任正非的批复中能明显感觉到，任正非不但不赞同这位有才的新员工，反而讽刺他，希望辞退他。按照一般人的思路来说，有员工肯花费大量的时间来研究公司战略，并提出宝贵的意见，不是值得鼓励的事情吗？

任正非在其《华为的冬天》中说过这样一句："我们要坚持'小改进，大奖励'，这是我们长期坚持不懈的改良方针。赢在小改进的基础上，不断归纳，综合分析。要简化、优化、再固化。这个流程是否先进，要以贡献率的提高来评价。'治大国如烹小鲜'，我们做任何事情都要小心谨慎，不要随意把流程破坏了，发生连锁错误。大家在处理相互之间人际关系上也要保持冷静，稍不冷静就会惹麻烦。千万不要有浮躁的情绪，戒骄戒躁，收敛自我，少一些冲动，多一些理智。"

任正非认为，员工最重要的还是要做好本职工作，不要把主要精力放在构思"宏伟蓝图"，做"天下大事"上面。作为一名新员工，对企业没有任何的理解，就不太可能提出合乎实际的建议。

马云也有这样的管理思路。马云曾说："刚来公司不到一年的人，千万别给我写战略报告，千万别瞎提阿里发展大计，谁提谁离开！但你成了3年阿里人后，你讲的话我一定洗耳恭听。我们喜欢小建议小完善，我们感恩你的每一个小小的完善行动。"

马云曾对入职不满3年的员工发表过一封公开信。在信件中，马云再次强调新员工应有感恩心和敬畏感，不要指责和批判一切，而是要戒掉浮躁的说话做事态度，在进公司3年时间里，通过"认真看，信，思考，行动和分享"这5个步骤来发展自己。马云指出："公司其实缺的是把战略做出来的人，把idea变现的人，把批判变建设性完善行动的人！"

新员工刚入职，对公司文化、业务都不了解，就提出公司的发展建议，这是纸上谈兵。如果领导者肯定他这种行为，听从他的建议，那公司就会陷入务虚的路子，迟早要出大问题。

5.4.1 以“奋斗”与“贡献度”为基点

华为的《致员工书》最早发表在1994年。多年来，任正非亲自多次修订，其中有些内容已经因时代变化而有了较大的改动。但“奋斗”与“贡献度”始终是评价员工的最基本的起点。

任正非在2015年的《致员工书》中依旧强调：“在华为，改变自己命运的方法，只有二个：一是努力奋斗；二是做出良好的贡献。”任正非建议新员工摆正位置，不要怕做小角色，希望新员工能丢掉“速成”的幻想，学习日本人的脚踏实地，德国人一丝不苟的工作精神。任正非明确指出：“我们呼唤英雄，不让雷锋吃亏。雷锋精神与英雄行为的核心本质就是奋斗和奉献。在华为，一丝不苟地做好本职工作就是奉献，就是英雄行为，就是雷锋精神。”

5.4.2 让“拉车的人”比“坐车的人”拿得多

“小改进大奖励，大建议只鼓励”，其实是鼓励员工脚踏实地的务实精神。为此，华为也采取了一定的激励策略，来激励那些在本职工作上兢兢业业，脚踏实地的员工，并以此来激发员工的工作热情，为企业创造更多的财富。

在2014年9月23日，华为激励导向和激励原则汇报会上，任正非所谈及的激励员工三原则，其中，字里行间都传递出激励“务实”的信息。其中，在关于员工薪酬激励部分，任正非指出：

第一，薪酬激励的对标分析要提高合理性，要管理好拉车人和坐车人的分配比例，让拉车人比坐车人拿得多，拉车人在拉车时比不拉车的时候要拿得多。

在进行公司员工薪酬水平与社会水平对比时，高级干部要去掉股票分红，基层员工要去掉加班工资，再作薪酬激励的社会对比，这样才能建立合理的薪酬激励对标管理。员工的货币资本所得管理（指员工获得虚拟受限股所带来的收益）要考虑员工过去的劳动回报，在当时历史条件下做出的贡献，不能用今天来否定过去；而员工的人力资本所得管理（指员工获得的工资性薪酬、年度奖金和 TUP 等累计的总收益）更多要看现实表现。

要管理好员工人力资本所得和货币资本所得的分配结构，货币资本所得保持合理收益即可，其他收益全部给人力资本所得，我们不能通过股票大量分红来过度保障退休员工的收益，而是要切实保障作战队伍获得大量的机会。

我们已初步确定了员工的激励结构分配系数，这个比例可以继续摸索下去，这就是两个大包的分享机制。具体到每个人的纵向分享机制，可以再来进一步研究。这样，让拉车的人比坐车的人拿得多，“获取分享”的价值分配理念驱动公司长期健康发展。

让拉车的比坐车的人拿得多，同时还要区分时间段，拉车人在拉车时比不拉车的时候要拿得多。比如：中国远洋船，船员上岗津贴税后 5 万多元，下来待岗休息时的基本工资只有 1800 元。员工中凡是有从事第二职业、赌博行为的，道德遵从委员会一旦发现，就可以直接辞退、清退。

第二，金字塔不仅拉开顶端差距，还要重视金字塔的基座，把每一个角落的人都要关注到。

从事基础性工作的员工应该有社会可比性的收入待遇，如果总是拉高顶端，容易产生内部矛盾。在华为公司不要形成两个对立的群体，所有人都要分享到公司未来收益，我们一定要把这两方面都做好，才能形成新的战斗力，万众一心。比如，司机在机场等客人，一旦客人晚点，就要在机场外等几个小时，与其让他坐在车里开着空调，为什么不能同意他们去咖啡厅喝杯咖啡、吃点东西，这样汽油也节省了，他本人也有感觉。这种改善有利于巩固我们的队伍，也有利于优秀员工拿高工资。

我们一定要拔高优秀员工，但以前为了突出优秀员工，总是采取把其他人员压低的方式，这种思维方式也要转变过来，优秀员工要加大激励力度，基层员工也要获得社会可比的薪酬竞争力。

5.4.3 给务实者更多的机会

对于员工而言，谋求更大的发展平台和职业空间，实现自身的人生价值是其职场规划之一。领导者可有意识、有针对性地开展挖潜、培训和岗位轮换等激励机制，给予务实员工更多的发展机会。如此一来，在激励员工务实精神的同时，也一步步实现了企业的可持续发展。

任正非在公司品管圈活动成果汇报暨颁奖会上，做过一次名为《小改进，大奖励》的演讲，内容有一部分涉及到对于务实者的激励。节选如下：

我们要尊重那些踏踏实实、认真努力、恪守职责，并不断改进自己工作的老员工，要给予他们多一些的培训机会。他们是我们事业的基础。要帮助他们进行工作适应性调整，使他们在合乎自己能力的岗位上，发挥作用。通过不断改进本职工作，来提升自己的待遇。要干一行，爱一行，专一行。

对于一些具体的操作岗位，绩效改进在经过一段时间后，改进会越来越困难，如财务的账务体系、生产的一些流程……那么我们就推行岗位职责工资制。定岗、定员、定待遇。从他们的责任心、负责精神、服务意识中，进行晋升。

我们要创造更多的机会，给那些严于律己，宽以待人，对工作高度投入，追求不懈改进，时而还会犯小错误和不善于原谅自己的员工。只有高度的投入，高度的敬业，才会看破“红尘”，找到改进的机会，才能找到自身的发展。敢于坚持真理，敢于讲真话，敢于自我批判，在没有深刻认识事物的时候不乱发言，不哗众取宠的员工是我们事业的希望。每一个员工都要立足本职，有所作为，而那些一心想做大事而本职工作都做不好的员工就要下岗。

5.5

3 个人做 5 个人的事，拿 4 个人的工资

奖和励是不同的概念。阿里信奉给结果付钱（奖），给努力鼓掌（励）。奖金不是福利，不可能人人都有，也绝不可能大家都一样。奖金是靠努力挣出来的，是需要超越公司对你的期待才能获得。当然对那些努力了但没有结果的同事，我们会给以鼓掌激励。我们鼓励创新尝试，我们欣赏有价值的失败，但我们奖励坚持拿到结果的努力。

——马云

“二十一世纪最重要的是什么？人才!”这是经典电影《天下无贼》中那位“贼”说的话。连贼都知道人才的重要性，更别说企业老板了。在企业里，很多老板经常感慨找不到合适的人才，而也有很多人才觉得钱不够，心委屈，没动力，便开始离职另谋东家。

其实，并不是企业难以找到合适的人才，也不是人才不适合企业的工作，而是企业缺乏让人才充分发挥他们优势的激励体制。

所以，企业可以通过提升“人效”与优待原则这两种方法，来吸引人

才，激发员工的工作积极性，提高员工的执行力与工作效率。

第一个原则是提升“人效”。“人效”即管理人的有效能力，使人的能力得到充分发挥。“人效”同时也是用来衡量企业人力资源价值，形成一种计量现有人力资源获利能力的指标。企业要想有效提升“人效”，关键在于这样以下六个字（见图5-4）：

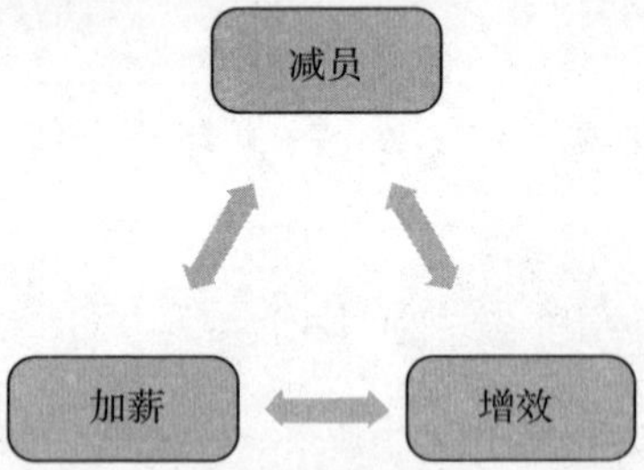

图5-4　提升“人效”六字诀

减员：企业并非人数越多，力量就越大，好的企业会采取“砍掉多余部门”“优化缩减流程”“优化岗位”等策略，让员工忙不过来。一个公司中，业绩出色的部门绝不会出现机构臃肿、人浮于事等现象。能用3个人做的事绝对不用4个人，能用30个人做的事绝对不用40个人，而是应该让企业的岗位永远处于饥渴状态，使3个人做5个人的事，拿4个人的工资。

增效：企业通过“提升关键业绩指标”“提升信息化水平”“优化用工模式”等策略，从而由整体向个体，由外而内提升人效。

加薪：企业制定合理的薪酬激励方案来唤起员工的工作热情，提升其工作效率以及执行力。

第二个原则是优待原则。一个稳定的团队是企业取得不断前进的重要保障，但是如果员工，尤其核心员工大量流失，不仅会造成客户资源流失，人心浮动，而且还可能造成企业核心机密的流失，使企业发展滞后。

因此，公司在淘汰不合适的员工之外，需要保持公司团队的相对稳定性，减少人才流失。一方面，企业应为员工提供优厚的待遇，让员工因为满意待遇而不愿意离开。另一方面，企业最忌搞大锅饭，员工努力不努力一个样，这样会大大削弱员工的工作积极性。企业应在制度文化层面，尊重员工，使那些为公司付出更多努力，做出更大贡献的员工拥有更多的物质保障。

5.5.1 提升“人效”：减员、增效、加薪

2013 年 2 月 1 日，马云在发给阿里巴巴员工的内部邮件中，提及“2012 年阿里人真正实现了‘3 个人干 5 个人的活，拿 4 个人的工资’的理念，整年度完成了集团净增新员工人数不超过 200 名的目标，并且超额完成年度各项指标。所以，集团提前决定 2013 年发 13 个月的薪水。年终大奖金和股权奖励会在 4 月份另外再发放。”

马云的“3 个人干 5 个人的活，拿 4 个人的工资”的薪酬管理理念，也被简称为“345 薪酬策略”，这是马云管理阿里巴巴的“人效思维”之一。马云从“减员、增效、加薪”三方面来实践他的“345 薪酬策略”。

关于减员策略，马云主张“少招人，招对人”。2011 年，阿里的 HR 根据部门招聘计划，各个项目部、事业部的工作计划，报给马云招聘数据。马云惊呆了，所有部门加起来总共要招聘 12000 人，结果马云说 2011 年我们最多招 2000 人，将 12000 人的计划直接砍掉，他说人多了反而坏事。到了 2012 年，阿里招聘计划是 2000 人，马云又砍，说今年最多招 500 人。在 2014 年，阿里仅仅招聘了 200 人。2015 年，阿里没有增加一个

人，马云说，走一个才可以增加一个，不走人就不招人。

关于“增效”和“加薪”，马云在2013年2月1日的内部邮件中指出“薪酬奖金以努力结果为指向”“加薪建立在岗位价值的基础上”。具体内容为：

“奖和励是不同的概念。阿里信奉给结果付钱（奖），给努力鼓掌（励）。奖金不是福利，不可能人人都有，也绝不可能大家都一样。奖金是靠努力挣出来的，是需要超越公司对你的期望才能获得。当然对那些努力了但没有结果的同事，我们会给以鼓掌激励。我们鼓励创新尝试，我们欣赏有价值的失败，但我们奖励坚持拿到结果的努力。”

“工资是公司发给每个岗位的报酬。加工资除了是应对物价因素外，重要的是公司对岗位有了新的更高要求。2013年，我们将会对很多岗位加工资，主要原因是我们对这些岗位有了更高的要求。希望大家努力提高自己的能力，适应新的要求。对那些暂时没有调薪的岗位，我们希望你能提升它的作用和价值。”

5.5.2 感动员工，员工就会感动公司

有些企业领导会抱怨员工缺乏忠诚度，薪水在同行业够高，可是员工一言不合就离职跳槽。企业人员的稳定，靠待遇只是一方面，最重要的还是企业文化。要在文化层面感动员工，一旦员工被“感动”了，就会更热爱企业。一个以企业为“家”的员工，自然是不舍得离开企业的，他们对企业的回报就是更加努力地工作，为企业创造更大的价值。

在中国餐饮行业，员工的平均流失率为28.6%，而海底捞员工的流失率则能控制在10%以内。可以说，在餐饮行业中，海底捞的队伍是非常稳

定的。员工喜欢企业，也就会有更多的工作热情，无形中降低了企业的人力成本，提升了企业的利润。那么，海底捞在人员稳定性管理方面，到底采取了怎样的激励措施使得员工把企业当成“家”？

海底捞有一个很厉害的用人哲学“把员工当人”。海底捞只关注两样：顾客满意度和员工满意度。海底捞的董事长张勇说：“当他（员工）把心放在工作上的时候，他就会替你去揣摩顾客的心思。支持海底捞发展的根本，从来不是钱，而是员工。”

海底捞重视培训，还成立了海底捞大学。在海底捞，从初级员工、中级员工到领班、大堂经理，每个级别都有培训。因为海底捞的员工大多来自农村，因此在海底捞的培训中，不仅仅培训员工的工作方面的技能，就连员工如何清洗冲水马桶，如何使用银行卡、怎样坐地铁等都要培训。

在同行业中，海底捞的福利待遇无可挑剔。一方面，海底捞比同行的餐饮企业都要辛苦，另一方面张勇舍得在员工的福利待遇方面投入。比如，餐饮企业员工很多都住在地下室，而海底捞则给员工租的是居民小区，4 人一间，有热水，有电脑，有网络。每个月发员工的奖金，直接寄给他们老家的父母。张勇还在简阳办了员工子弟学校，员工在老家的孩子有了好的学习条件。这样的待遇，使得很多员工不愿意离开海底捞。海底捞还有一个为外界所津津乐道的福利“嫁妆”。一个店长离职，只要任职超过 1 年以上，给 8 万元的嫁妆，就算是这个人被小肥羊挖走了，也给。

张勇不仅给予员工高于同行业的福利待遇，而且给员工发展的机会。在海底捞有明确的三条发展线：一条是管理线，一条是技术线，还有一条是后勤线。一层层晋升，工资待遇一再上台阶。

海底捞给予员工一定的“权力”。在海底捞，门店店长的审批权是 100 万元，员工们甚至拥有决定一桌顾客的免单权。员工有了权，就有了当家做主的感觉，自然也就更热爱企业，热爱自己的这份工作。

海底捞在考核方面，摒弃了餐饮界最常用的考核指标，比如利润、利润率、单客消费额、营业额、翻台率等，他们考核的是客户满意度、员工积极性、干部培养。张勇说："这三个指标，作为一个做了很多年管理工作的人，我实在想不出他们是如何解决内部公平问题的。但是我知道，今天你看到的海底捞员工真诚的微笑，就来自于这里。"这种考核体现的真心实意，试想，又有哪位员工愿意拒绝呢。

5.6

分股合心，把员工变成合伙人

股权激励是现代企业常用的一种激励方式。它作为一种激励手段，在上个世纪90年代就备受追捧，但当时关于股权的法律制度并不完善，在实践中，容易成为个别职业经理人谋取利益的工具。直到2006年相关法规出台后，股权激励才真正在我国开花结果。

据《财富》杂志统计：截至2015年，世界500强有85%的企业做过股权激励；在中国，700多家上市公司公布的股权激励计划有1000多个。为什么这些公司热衷于使用股权激励？我们先从股权激励的概念说起。

所谓股权激励，即以一种通过经营者获得公司股权形式，给予企业经营者一定的经济权力，使他们能够以股东合伙人身份参与企业决策、分享利润、承担风险，从而勤勉尽责地为公司的长期发展服务的一种激励方法。概括来说，就是一种“舍明天的利润，得后天的未来”，财散人聚的激励手段。企业的股权激励具有三项典型特征，见图5-5。

股权激励以股权为出发点，激励为落脚点，通过好的激励机制来吸引优秀人才，激励人才为公司的共同目标而奋斗。股权激励，其实就是把老板的事变成高管的事，把高管的事变成团队的事。

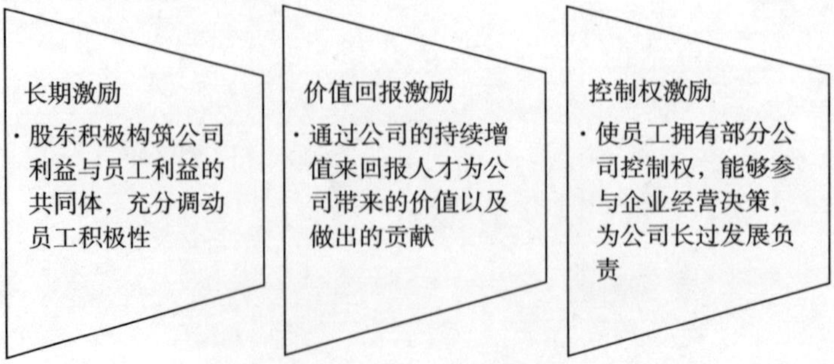

图5-5　股权激励的三项基本特征

目前，企业的股权激励主要包括：期权模式、限制股模式、虚拟股模式、业绩股模式、延期支付模式、经营者/员工持股模式、管理层/员工收购模式和账面价值增值权模式等。在这些股权激励模式中，除了最后一种股权激励模式外，其余股权激励模式的激励对象所获的收益受公司股票价格的影响。此外，账面价值增值权模式与证券市场无关的股权激励模式，激励对象所获的收益仅与公司的每股净资产值有关。

企业对员工进行股权激励时，也要注意在合适的时间施行股权激励。一般来说，企业创业的四个时期，如创业初期，企业的改革调整期或企业融资期，企业融资期和企业的并购重组期，是比较适合进行股权激励的。在合适的时期，选择合适的股权激励模式，能对员工起到事半功倍的激励效果。

另外，企业也应设置股权激励人的退出机制，应明确发生什么样的情形可进行股权回购，或者股权激励方案在什么情况下会自动失效。这种有进有出的股权激励体制，才能激励持股人愿意长久为公司贡献自己的力量，愿意尽最大努力使公司与自己达成共赢局面。

5.6.1 建立有效的股权激励制度

企业的股权激励作为一种留住人才、激励人才的激励措施，必须是可执行、可预期和可持续的，以此才能保护公司、股东以及经理人的权益。因此，公司在进行股权激励计划时，应明确股权激励的五个核心问题，如下所示：

· 股权激励的目的是什么？

· 股权激励的股权要给谁？

· 股权激励的利弊和风险是什么？

· 如何进行股权数量与价格的分配？

· 如何合理进行业绩标准评价？

这是企业领导在进行股权激励前，要首先考虑的问题。其次，选择什么样的股权激励模式、在什么时间进行股权激励，股权激励人如何退出等，需要公司在施行股权激励前，必须有完整的制度来确保激励方案的实施，最后用制度来确保激励机制和约束机制的制衡。

阿里巴巴很早就建立了自己的一套完整的股权激励制度——受限制股份单位计划：4 年分期授予。

每年，阿里巴巴都会根据员工的职位、贡献度的不同，给予员工“受限制股份单位”奖励，每位员工至少得到一份。也就是说，如果员工在阿里工作满 1 年以上，在之后的每 1 年都可获得限制性股票。阿里的每一份受限制股份单位的发放则是分 4 年逐步到位，每年授予 25%。而由于每年都会伴随奖金发放新的受限制股份单位奖励，员工手中所持受限制股份单位的数量也会滚动增加。工作年限越长，获得的限制性股票就越多，员工也就越不舍得离职。

在阿里的并购交易中，现金支付一般不超过50%，剩余部分则是阿里的受限制股份单位来支付。而这部分支付的受限制股份单位是从期权资金池中拿出来的，一般是新一轮投资时得到稀释。而每次稀释之后的期权池，则会划出一部分作为对未来员工的激励、并购等。在阿里，员工的受限制股份单位处于不断滚动增加装填。因此，员工一旦离职，总会有一部分已授权但未发放到位的期权，这也使得员工具有一定的稳定性，不会轻易选择离职。

5.6.2　选择合适的股权激励模式

股权激励九大模式，见表5-2。

表5-2　股权激励九大模式

股权激励模式	股权激励模式的特征
业绩股模式	公司在年初确定一个较为合理的业绩目标，如果激励对象在年末时达到预定的目标，则公司授予其一定数量的股票，或奖励基金购买公司股票
期权模式	公司授予激励对象购买本公司股票的选择权，激励对象可以在规定的时期内以事先确定的价格购买本公司一定数量的流通股票，同时，激励对象也有放弃不买的权力
限制股模式	公司事先授予激励对象一定数量的公司股票，但对股票的来源、抛售等做出限制性安排，一般只有当激励对象完成特定目标（预先设定的公司业绩或考核指标等）后，激励对象才可抛售限制性股票并从中获益
虚拟股模式	公司授予激励对象一种虚拟的股票，激励对象可以据此享受一定数量的分红权和股价升值收益，但没有所有权与表决权，不能转让和出售，离职后自动失效
延期支付模式	公司为激励对象设计薪酬收入计划，其中有一部分属于股权收入，该股权收入不在当年发放，而是按公司股票公平市价折算成股票数量，在一定期限后，以公司股票形式或根据届时股票市值以现金方式支付给激励对象

续表

股权激励模式	股权激励模式的特征
经营者/员工持股模式	以无偿赠予、补贴激励或自行购买的方式，给予激励对象一定数量的本公司股票。激励对象在股票升值时可以受益，但在股票贬值时会受到损失
管理层/员工收购模式	公司管理层或全体员工利用杠杆融资购买本公司的股份，成为公司股东，从而改变公司的股权结构、控制权结构和资产结构，实现持股经营
股票增值权模式	公司授予激励对象的一种权力，如果公司股价在规定期限内上升，激励对象可通过行权获得这种由股价上涨或业绩提升带来的收益
账面价值增值权模式	用每股净资产的增加来激励董事、高管人员、技术骨干等核心人物

每一种模式的股权激励都有其自身的缺点与优点，企业应在深入了解股权激励模式的基础上，结合本企业的行业特点、发展阶段、财务状况、股权结构、市场趋势等情况，选择最适合企业当前实际发展状况和目标的股权激励模式。

拿华为来说，华为在上世纪90年代初期，现金流紧张，华为采取以向员工融资的形式获取现金流。1990年，华为员工每股10元参股，以税后利润的15%作为股权分红。而到了1997年，华为注册资本达到7005万元。这种原始的员工融资持股方式，一方面增强了员工的稳定性、团队归属感。另一方面，使华为有了充足的现金流，足以渡过难关，获得更大的发展。

1997年6月，华为对股权结构进行了改制，员工所持股份分别由两家公司工会集中托管，并代行股东表决权。在1998年，华为引进西方的虚拟股股权激励制度。在1999年6月，华为公司工会以现金收购了华为新技术公司所持的5.05%股份，同时也收购了华为新技术工会所持有的21.24%股权。至此，华为的深圳市华为技术有限公司工会持股88.15%，华为新技术公司工会持股11.85%。在2000年，任正非持有的1.1%股份单独剥离，至此，任正非作为华为的独立股东的地位得到确认。

在2001年，华为公司通过了股票期权计划，推出了《华为技术有限公司虚拟股票期权计划暂行管理办法》，华为员工所持有的原股票被逐步转化成虚拟股。

2003年，华为投资控股有限公司成立，华为公司原有的内部员工持股、股权激励都被平移至华为控股平台。此时，任正非持股1.0708%，其余为华为控股工会持有。在这一时期，华为大幅度增加配股额度，股权激励开始向核心员工倾斜。2008年起，华为规定了员工的配股上限，对于级别达到上限的员工，不允许参与新的配股，目的是为了给新员工留下激励的空间。

2011年，华为内部融资超过了260亿元，华为的利润和业绩实现了爆破式增长。这一年，华为出台具体措施识别“奋斗者”，只有奋斗者才有配股资格。2013和2014这两年，华为先后对外籍员工和本国内员工推出奖励期权计划框架，即：每年根据员工岗位及级别、绩效，分配一定数量的5年期权和增值权，员工不需花钱购买，可获得相应的分红权，5年后清零。

可以看出，华为在不同的发展阶段，采取了不同的股权激励模式。在早期，因公司发展缺少资金，而员工缺少投资渠道，华为用实体股权激励获得内部融资，激发员工的工作热情和动力。到了发展中期，华为有了一定的发展，员工也就越发信任华为。再加上华为的股权激励逐步转向虚拟股，华为不断扩大股权激励规模，使公司获得大量资金支持，员工也得到了丰厚的股权收益。发展到如今，华为公司规模巨大，资金充裕，华为也开始逐步推行奖励期权策略，给公司留权，给员工分利，为未来发展预留出足够的空间。

EQ

第 6 章

产品管理：刚需，痛点，高频

乔布斯、马化腾、雷军等众多业界大佬都以首席产品经理自封。为什么？因为产品才是企业发展的核心竞争力。首席产品经理不仅仅是一个职位，更是一种实实在在的使命。企业的注意力放在用户需求与用户体验上，其使命就是在价值锚上不断创新和变革，打造出爆品。小则使公司基业长青，大则使世界变得更美好。

6.1

产品只有两种：完美的艺术品和垃圾

> 人这辈子没法做太多事情，所以每一件都要做到精彩绝伦。总有一天你会离开人世，所以，我们必须为我们的人生做出选择。我们可以在日本的某座寺庙里打坐，也可以扬帆远航；我们的管理层还可以去打高尔夫，他们也可以去掌管其他公司。而我们全都选择了用我们的一辈子来做这样一件事情。所以这件事情最好能够做到完美无缺。
>
> ——乔布斯

繁华的商业街上有两家餐馆，他们菜系相同，装修风格类似，服务态度都很好，营销方式类似，就连老板娘的颜值也不相上下。在这种情况下，一家餐馆每天排队的人能站满整条街，另一家餐馆却只有寥寥数人来用餐。这是为什么？

仅仅是因为一家餐馆有一道招牌菜红烧肉非常地道，简直是做到了极致，而另一家餐馆的厨师根本做不出那样的味道。所以，招牌菜红烧肉就是一家餐馆的核心竞争力。

同样道理，在相同品类下，有的公司的产品很快就火了，有的公司的产品却无人问津。究其根本，是因为火了的产品做到了极致或接近极致。

在互联网时代，对于任何一家公司来说，产品是公司运转的灵魂，是一家公司商业模式的核心。周鸿祎认为，当领导者在思考创业模式或盈利模式时，首要的就是思考如何做出完美的产品，并就产品提出以下几个问题：

·你提供的产品是什么？

·能为用户创造什么样的价值？

·你的产品解决了哪一类用户的什么问题？

·你的产品能不能把贵的变成便宜的，甚至是免费的？

·能不能把复杂的变成简单的？

通过对这几个问题的思考，可以使你对产品有最基本的定位，定位聚焦于用户的需求变化、产品为用户提供的价值和产品为用户解决的问题这三方面。

若你的产品能够做到这三点，那么就具备了“完美产品”的基础。接下去的工作就是在此基础上将产品做到极致，成功开启商业模式，使整个公司进入高效运转状态。那么，如何将产品做到极致？如何以此来颠覆市场，使公司能够成为产品驱动型公司，从而走得更远？

6.1.1 融入“完美主义”

产品的打造离不开创意与思想，更离不开产品的精雕细琢和对完美细节的追求。在用户看来，苹果产品简约、优雅，富有艺术气息，体验感十足，几乎是“完美”的代名词。而完美的产品背后，融入的是苹果精神领袖乔布斯的“完美主义”哲学。

在乔布斯的理念里，产品只有两种：要么是完美的艺术品，要么就是垃圾。乔布斯曾说：“如果你只想买大路货，就去买戴尔的产品好了。”

当其他企业不断推陈出新，试图以增加品类来抢占市场时，乔布斯却不计时间成本地“雕刻”苹果产品，直到他觉得产品足够完美为止。苹果的每款产品都是经过一再“打磨”，推倒重来是常有的事。每当一件新产品出炉后，乔布斯总会提出诸多意见：“还可以再完美一点儿！”

苹果公司设计师伊万里斯特说过：“乔布斯每周都会看一大堆不同的设计方案，几乎将所有方案驳回，除了那一个或两个。即使这一两个方案，也需要我们做大量工作，以使它们变得更加完美。”

在《福布斯》杂志的“乔布斯的秘密日记”一文中，记载了一个故事：苹果的工程师们经过一次次努力，终于完成了 iPhone 的设计，万事俱备，就等发货了。然而，乔布斯到硬件实验室检查时，发现躺在工作台上的一块电路板完全不符合他的要求 ：“你们简直是在开玩笑！我想用的不是这样的电路板！”于是，项目组的工程师们不得不进行重新设计。

乔布斯对产品的完美追求近乎偏执，他会因为一个螺丝开除高级研发人员，也会因为一个细节寝食难安几个月。在乔布斯的这种“产品完美主义”理念指引下，苹果公司一年甚至几年时间才会出一件新品，但是一旦新品问世，销售业绩就会突飞猛进，遥遥领先其他同行。

6.1.2 情感、情怀与跨界

随着用户消费维度的不断提升，情感、情怀便成了切合用户心理的秘密武器。这两件武器如果再加上“跨界”，那就更是俘获用户的狠角色。

所谓产品的情感和情怀，简而言之，就是产品带给用户的快乐心理体验，满足了用户的情感诉求。而跨界，引用 IDEO 公司总经理汤姆·凯利的话来说，就是："跨界能产生神奇的效力，拥有这一本领的人，就拥有不可思议的魔力。"跨界者具有极强的整合思维，他会将散落在脑海里的各种经历、事件、想法、概念等串联起来，即便是那些看起来风马牛不相及的事物，也能巧妙地联系在一起，创造出令人耳目一新的东西。

张小龙的微信产品中就包含了情感、情怀和跨界的因素。微信的界面设计感给人带来满满的正能量，启动页独自一人面对浩渺宇宙的设计充满情怀，彰显现代人的孤独感，很容易引起共鸣。而聊天窗口的一些细节，很容易给用户带来惊喜。微信个性化的功能，比如微信运动、微信朋友圈、微信摇一摇、微信支付、微信红包等使得用户体验实用、高效、便捷。

在这种具有情怀和情感的产品功能设计之外，微信的"跨界打劫"风生水起。微信的免费语音消息、视频聊天等功能，直接动摇了中国移动、中国联通和中国电信的地位，以至于有这样一个段子："移动说，搞了这么多年，今年才发现，原来腾讯才是我们的竞争对手。"微信的理财通、城市服务、第三方服务等一系列功能，在为人们提供更便捷的生活的同时，也用跨界给人们提供了多样的生活方式，多样化的理财、赚钱、消费体验。比如网上理财、网上外卖、网上商城、网上电影院、共享单车等。微信不仅抢了 QQ 的饭碗，也做起了媒体才做的事情。微信以简单粗暴的跨界"打劫"，开启了一场垄断式互联网入口之争。

6.1.3 产品的持续创新

乔布斯说："一定要敢于杀掉自己的产品，而不要等别人来杀你。"

从近代计算机市场上的第一部真正意义的个人电脑，到引领音乐市场潮流的 iTunes，以及风靡产品江湖数年的 iPad 和 iPhone，乔布斯带领苹果团队“捷报不断”，他们甚至用产品改变了世界。在这个更迭迅速的互联网时代，苹果的勇立潮头靠的就是乔布斯这种不断否定过去，不断进行优化升级的持续创新。产品的持续创新具有四种特质，见图 6－1。

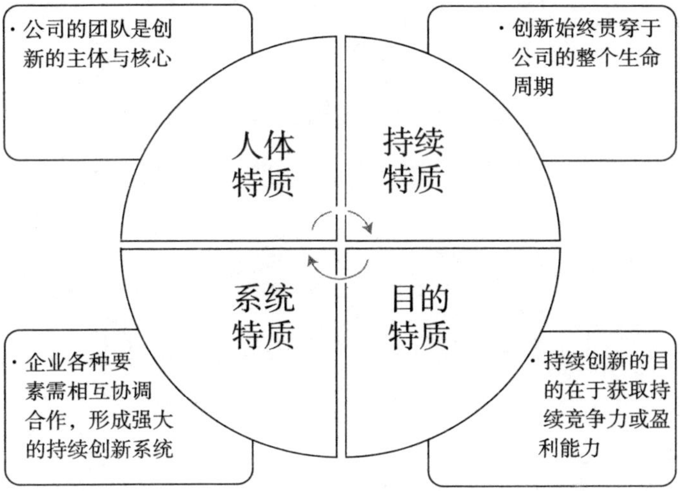

图 6－1　产品持续创新的四种特质

基于此，公司产品的持续创新需从团队、技术和市场的创意管理三方面下功夫。其中，最为根本的还是团队的创意管理。在很多具有创造力的公司里，都并非最高层领导者一人出创意。更多的情况下，公司的持续创新能力是团队不断提出创意，磨合创意，进而碰出火花的结果。

阿姆赫斯特市马萨诸塞大学教授艾伦鲁宾逊通过长期研究发现，在传统型公司，普通美国员工提出的创意无论是否重大，平均每六年才会付诸实施。但在创新能力强的公司，更喜欢采纳实施普通员工的创意。艾伦鲁宾逊认为，在持续创意方面，高层领导的态度非常重要。公司高层领导需高瞻远瞩，并营造积极的鼓励创意的文化氛围，为创意的落实提供时间、人力、资金等资源。在这方面，苹果、谷歌、三星、Facebook、百度等科技公司做得非常到位。

比如，谷歌为了鼓励员工创新，曾允许工程师用“20%的时间”开发他们自己感兴趣的项目，允许用户在Google Labs平台就谷歌职员“20%的时间”计划中开发的试验产品进行互动。虽然谷歌因害怕影响业绩而在2013年取消此举，但这种氛围却点燃了公司员工的创新热情。后来，Google Labs研发了无人驾驶汽车、谷歌眼镜等创新产品。再比如，苹果于2012年推出的“蓝天计划”，允许员工抽出两周的时间来做工作以外的事情，此举大大激励了员工的创造力。这与之前谷歌推出的“20%的时间”非常类似。

这些激励员工创新的管理方式，虽然提高了企业的人力成本，但却在无形中为公司开辟了一条持续创新之路。从长远来看，公司的产品也会因持续创意而得到不断改进，公司在未来会获得更为丰厚的利润。

6.2

清晰，简单，自然，好用

> 我相信用户群有客观差异，但没有所谓高低端之分。不管什么年龄和背景，所有人都喜欢清晰、简单、自然、好用的设计和产品，这是人对美最自然的感受和追求。
>
> ——马化腾

美国一家市场研究公司通过对 101 家科技公司失败案例的研究，总结出 20 多种导致公司创业失败的原因，其中排在第一位的就是：无法与用户需求完美匹配。这 101 家倒闭公司中，有 42% 的公司存在这个问题。即公司一把手在没有准确把握客户需求的情况下，一意孤行，最终使公司走向末路。

当然，也有一些自以为是的领导者，他们习惯从自身需求的角度出发去要求产品设计人员，开口就是“我认为该做成什么样”“我觉得完美的产品是这样的”。尽管产品的功能更多了，样式更花哨了，但不一定是用户喜欢的。

还有一些领导者重视各种各样的调查数据，并习惯用数据的反馈来代替用户真实的场景化需求。他们缺乏对目标用户群的理性分析，缺乏针对用户问题的解决方案。一旦缺少了对用户需求的准确把握，即便有再好的平台、资源和时机，也难以做出完美的产品。

在当今这个互联网时代，“以用户为中心”“注重用户体验”已经成为产品设计的基本准则。企业的领导者应将用户的需求放在第一位，通过一些方法来研究用户的需求，从而为用户提供更符合其需求的产品与服务。

腾讯总裁马化腾认为：“在研究用户需求上没有什么捷径可以走，不要以为自己可以想当然地猜测用户习惯。比如有些自认为定位于低端用户的产品，想都不想就滥用卡通头像和一些花哨的页面装饰，以为这样就是满足了用户需求；自认为定位于高端用户的产品，又喜欢自命清高。其实，这些都是不尊重用户、不以用户为核心的体现。”

那么，什么样的产品才是基于用户体验的完美产品？什么样的产品才能解决用户最关心的痛点，让用户尖叫？腾讯又是如何找到用户体验的根本，做出垄断式的产品？

6.2.1 用户体验的10/100/1000法则

2012年7月9日，马化腾在给合作伙伴的公开信中，首次分享了腾讯内部灰度管理的七个维度，即：需求度、速度、灵活度、冗余度、开放协作度、创新度、进化度。

在需求度管理部分，马化腾指出，产品研发中最容易犯的一个错误是：研发者往往对自己挖空心思创造出来的产品像对孩子一样珍惜、呵护，认为这是他的心血结晶。好的产品是有灵魂的，优美的设计、技术、运营都能体现背后的理念。有时候开发者设计产品时总觉得越厉害越好，但好产品其实不需要所谓的厉害设计，因为觉得自己特别厉害的人会故意搞一些自己认为厉害的，但用户不需要的东西，这就是舍本逐末了。

在产品管理方面，马化腾及其团队从用户的使用习惯、需求着手，研究用户最需要的功能。他们发现，用户对产品的需求其实很简单，用八个字概括，即：清晰、简单、自然、好用。

在研究用户需求的过程中，腾讯形成了一个“10/100/1000 法则”。2015 年，当《哈佛商业评论》记者采访马化腾时，马化腾针对“准确把握用户需求”说过：

这是一条孤独之路，但用最笨的方法往往才能最快地跑完全程。不积跬步，无以至千里。要像“小白”用户那样思考，并每天高频使用产品，不断发现不足，一天发现一个，解决一个，就会引发口碑效应。要抹掉身份去用户那里潜水，听取不同的声音和反馈。在腾讯，有一个“10/100/1000 法则”——产品经理每个月必须做 10 个用户调查，关注 100 个用户博客，收集反馈 1000 个用户体验。这个方法看似很朴素，但行之极难。

面对用户体验过程中所反馈的意见，腾讯产品研发团队对其进行筛选，并在此基础上不断进行改进。总的来说，他们的产品创造遵循“用户反馈——改进——再反馈——再改进”这样一条思路。拿 QQ 飞车团队来说，他们就是从以下四种途径来获取用户的直接需求的，见图 6 - 2。

QQ 群。策划团队的每个成员的 QQ 上都有超过 100 名玩家好友，以及 10 个以上的飞车游戏相关 QQ 群。策划团队成员会在第一时间把握玩家动向，精准掌握玩家需求。

飞车论坛。这个产品论坛有“策略交流”版块，游戏产品策划团队成员会定期收集该版块手机玩家的意见或建议，作为后续不断优化的重要参考。

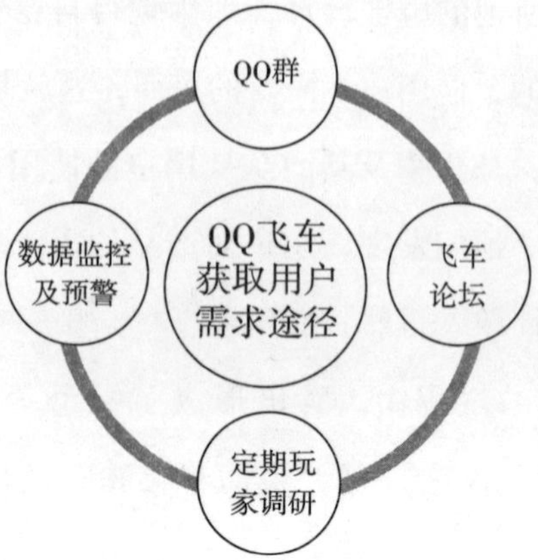

图6－2　QQ飞车获取用户需求的途径

定期玩家调研。游戏的每个版本发布后，都有关于本版本的满意度调查，并有玩家测试体验。飞车团队成员由此了解玩家的满意度以及需求变化情况。

数据监控及预警。QQ飞车团队每天24小时对游戏数据进行监控，对异常数据变化有相应的预警机制。这样能在第一时间从根源处分析数据，发现问题，并进行紧急处理。

QQ飞车通过以上四种途径精准把握用户需求变化，根据反馈对产品进行不断升级，以获得更大的用户满意度、认可度，拥有更多的用户粉丝。

6.2.2　找到用户的一级痛点

用户只会为自己的痛点需求埋单，而这个痛点需求如果按照程度来划分的话，一级痛点则是用户不得不买，非要买不可的最大理由。同时，用户的一级痛点也是爆品的决定性因素之一。

在小米手机之前，有很大一部分用户认为国产手机是“山寨货”，用国产手机很 Low，人们宁愿花更多钱买一台配置一般的进口手机，也不愿意花少量的钱买一台高配置的国货。

在 2011 年，雷军发现：手机是一个大风口，每年中国就有 4 亿部的换机需求量，很多智能手机都是伪智能机。用户急需一款性价比很高的手机。

雷军抓住了用户的一级痛点——性价比高。在接下去的时间，雷军为了打造爆品，杀招就是让铁杆粉丝深度参与，前期是找到 100 个铁杆粉丝，作为超级用户，参与 MIUI 的设计、研发、反馈等。小米的出发点很简单，就是聚集多人的智慧做大家喜欢的一款手机。

在第一代小米爆品打造中，小米下功夫最大的就是高配低价，国内首家双核 1.5G 手机，4 英寸屏幕，待机时间 450 小时，800 万像素镜头。当时，此类配置的智能手机价格为三四千元，而小米的价格仅仅为 1999 元。小米当时的文案主打为“为发烧而生”。因此，小米产品一上市，就被抢购一空。

自此，小米把“性价比”一级痛点当作了一个方法论，持续放大，并不断打造出一款又一款爆品。

6.3

刚需，痛点，高频

> 做产品，必须落脚在刚需、痛点、高频这六个字上。什么意思？就是产品必须是用户的刚需，必须解决用户痛点，而且使用场景要在用户的生活中经常发生。
>
> ——周鸿祎

2013 年，一条消息占据了各大媒体财经版的头条，即：微软宣布将以 54.4 亿欧元现金收购诺基亚的手机业务及相关专利授权。

诺基亚的手机质量好，不怕摔，用得久。但是诺基亚这位昔日的手机行业巨头，是如何一步步终结自己昔日辉煌的？

自 1996 年以来，诺基亚连续数年霸占了全球手机市场的头把交椅。在 2007 年末，诺基亚的全球市场占有率达到 40%。恰逢此时，苹果推出了第一代 iPhone 手机，智能手机变革的大潮也汹涌而至。

但此时的诺基亚并没有察觉到用户需求的改变，也没有察觉到智能手机市场的机遇，更没有认识到苹果智能手机系统带来的威胁。诺基亚花费了大量的时间在产品研发上，结果却研发出一堆用户并不认可的手机。在此后的几年，诺基亚一步步与第一把交椅渐行渐远，并最终被收购。

随着移动互联网时代的到来，用户的需求已经发生变化。还按照原来的用户需求来设计产品，已然不再匹配用户的需求了。这是手机业巨头诺基亚陨落的主要原因。

那么，在移动互联网时代，如何做产品才对路？360 总裁周鸿祎说："做产品，必须落脚在刚需、痛点、高频这六个字上。什么意思？就是产品必须是用户的刚需，必须解决用户痛点，而且使用场景要在用户的生活中经常发生。"

产品界有一个著名的问句，能一语道破如何成为爆品的秘密，这个问句就是："我能否在用户口渴难耐时，递给他半瓶救命水？"

这个简单问句信息量极大。首先，"用户口渴难耐"是用户的需求，且是"刚需"。此时，水不仅能解决用户最迫切的口渴问题，还能救命，而喝水也是一种高频的行为。从这个角度来说，产品有效地抓住了用户的刚需、痛点、高频的特征，因而能够"一击制胜"。

领导者在进行产品管理时，要经常问自己："我能否在用户口渴难耐时，递给他半瓶救命水？"反观产品，就是能否解决用户的刚需、痛点与高频的难题。如果产品偏离了这六个字，就要及时进行改良，甚至重新创造。

我们以腾讯的 QQ 为例，1999 年腾讯 QQ 在诞生之初，就已经符合产品六字真经的定律。当时互联网刚刚普及，年轻人喜欢在网络聊天室聊天，但用户体验一般。QQ 在推出时，以"体验好、体积小、下载快、运行稳定"的优点，解决了用户聊天占用内存大、下载慢、运行差等不足之处，抓住了用户的刚需和痛点，迅速从一堆相似的产品中杀出重围，脱颖而出。

随着移动互联网时代的到来，人们的需求点也自然而然发生了变化，腾讯又紧跟用户需求与体验，推出了移动 QQ、短信和电脑的 QQ 消息互动。移动 QQ 享有“随时在线、升级速度加快，独有的红色小图标”的特权也是其得到较快推广的原因。紧接着，腾讯 QQ 又增加了 QQ 会员、QQ 秀、QQ 空间、QQ 游戏、QQ 购物、各种钻等其他一系列增值商业产品。

腾讯 QQ 正是因为悟到了产品这六字真言，才一直从用户体验的角度来改善产品。也由此，它的用户活跃数一直稳居榜首，截止到 2017 年，它的活跃用户达 8.61 亿，这款国民级产品也成了互联网界的“活化石”。

伪需求点→真需求点

可口可乐曾经为了与百事可乐竞争，推出了一种新配方可乐，口感非常甜。没想到，却引起了忠实用户的大规模抗议。可口可乐不得不撤回这种配方，重新使用原来的配方。

福特公司推出过一款叫作埃兹尔（Ford Edsel）的轿车。在发布之前，公司进行了大肆宣传，但是销量并不好，因为这轿车名字听起来有点像“蝴蝶脆饼”（pretzel）。

类似的案例还有很多。产品的失败最大的原因，在于在产品开发初期，产品经理或者相关人员并没有真正地去了解用户群，他们甚至理所当然地认为他们的产品出来就会得到人们的喜爱。可以说，他们从根本上找错了用户的需求点，或者说他们找到的是一个“伪需求点”。

周鸿祎在谈及用户的伪需求时，以智能软件产品为例。他说：“现在各种智能硬件，摸起来光滑，但是忽略了一个前提，用户不想买这个东西，因为没有需求。没有需求，解决的不是痛点，就是伪需求。做产品最大的限制不是体验不好，体验不好可以改，最大的问题是伪需求。我们想想有多少智能硬件的发布会都是跳过用户需求，假定说用户热爱我的产品，用户每天都会用，只谈材质、外形和工艺，这是错的。”

周鸿祎还指出，企业要想聚焦客户需求，在产品开发之前，就要进行严格的假设和调研解决不确定性的问题，找到刚需，找到痛点。

具体来说，可以参照世界著名产品经理人乔克·布苏蒂尔的建议。他认为，在产品研发之前，必须剖析该产品的观点，考虑该产品预期能够帮用户解决的难题，如下所示。

- 它是普遍性的吗？会有哪些用户有这样的难题，会影响很多人吗？
- 它是可以解决的吗？用户希望马上解决这一问题，还是再等等看？
- 它复杂吗？用户是自行解决，还是由他人出面解决？
- 它有价值吗，这个难题究竟让用户多头疼，他们愿意花钱解决吗？
- 它有利可图吗？解决难题的成本是否值得？

6.4

爆品战略本质＝极致＋口碑

在这个破坏、重构与巨变的时代，所有中国家电企业的商业模式已经失效。我有一次问马云，传统企业怎么进行互联网改造，他说了一句话：关键取决于你——董事长。美的正在对企业进行一个翻天覆地的组织改造和文化改造，所有的组织结构围绕用户来设计，目的就是打造爆品。爆品战略，本质是用户战略。极致＋口碑，也是创始人的必修产品课。

——方洪波

上海永嘉路阿大葱油饼，被人们称为“葱油饼中的爱马仕”。阿大葱油饼20分钟一锅，一锅只有10个，一天只做300个饼。每天来买葱油饼的人排着长队，大多时候，需要排队两三个小时，才能买到外边香脆、内里软嫩，夹杂着猪油和葱花香气的葱油饼。阿大的葱油饼为什么能火到这个程度？

阿大是普通得不能再普通的上海爷叔，他从上个世纪80年代开始做葱油饼，已经做了30年。阿大每天凌晨2点多起床，到店里准备2～3个小时，在清晨五六点钟开门迎客。阿大的葱油饼油酥、小葱料足，而且阿大葱油饼还有一道传统工序，就是：做完葱油饼后，将饼放到炉子里烘，用明火将饼上的浮油烧掉。经过这道工序，葱油饼就不会油腻。

不过，这道工序比较耗费时间，很多做葱油饼的生意人都将这道工序略去了，但阿大却始终坚持，这样既保留了传统葱油饼的美味，又能将不起眼的葱油饼做到了极致。

有了做到极致的葱油饼，再加上口口相传的好口碑，阿大葱油饼没道理不火。其实，企业要想做出如阿大葱油饼般的爆品，也需要阿大的这种坚持精神，才能做出极致的产品。打造爆品，需要企业集中优质资源，在用户的某个痛点上做到极致，用一款产品引爆互联网口碑。

6.4.1 产品做到极致

在传统工业时代，依靠单一的产品很难产生规模效应。而在互联网时代就不同了，一旦将一款产品做到了极致，就能迅速占领市场。

现在大多数企业深谙此理，但凡能在这个时代有所作为的企业，产品皆是基于用户体验的，从用户价值链上进行突破，而不是在公司价值链上做文章。这些成功的企业对产品的要求之一，必然有两个字——极致。以美的洗碗机团队为例：

从 2016 年 8 月起，美的 Mini 洗碗机团队采用 CDOC 的方法，通过用户访谈、入户调查、市场走访、竞品分析、结构设计、开模、供应及制造布局等一系列准备工作，发现用户的需求痛点，即安装洗碗机需要打孔，改装橱柜等。安装难的问题，才是阻碍洗碗机走进千家万户的重要障碍。因此，美的 Mini 洗碗机团队经过 6 次修改方案，以使产品更加紧贴用户实际，契合用户诉求，使得洗碗机更加完美极致。最终，美的推出免安装洗碗机，真正“即买即用”，完美解决安装难题。

美的在做电饭煲产品方面，同样要求极致。美的生活电器部的黄兵，在开发鼎釜 IH 智能电饭煲时，为了反复测试、验证，2 年内他煮了两吨米，相当于 4 口之家 8 年的饭量。因此，他还被戏称为“煮饭哥”。长期的“煮饭”经验，练就了他的“闻香奇技”，如需要优化哪个参数，只要用鼻子一闻就知道。这种追求极致的精神，使他在 2015 年终于突破电饭煲领域气流控制技术、内胆加热双段 IH 技术等难题，研究出一款达到全球领先水平极致产品——鼎釜 IH 电饭煲。

6.4.2 超越用户预期

口碑营销大师马克·休斯曾提出，最具威力的营销手法，便是“把大众与媒体一起拖下水；藉由口耳相传，一传十、十传百，才能让你的品牌与产品讯息传遍全世界。”

在互联网时代，传统的来自我宣传的传递力量已经减弱，用户的推荐才最值得信任，最有说服力。当你的产品超越用户预期，使用户“尖叫”时，你的产品根本不用自己开口，用户就已经通过网络论坛、微信、QQ、直播等社交软件，引爆了口碑营销。那么，如何让用户来传递产品信息，引爆口碑营销呢?

小米总裁雷军认为：“口碑的真谛是超越用户的期望值。海底捞看上去不是很豪华，但它的服务超越了我们的期望值，所以我们觉得好。相反，我去了迪拜的帆船酒店，大家都说那是全球最好的酒店，但我无比失望。因为去之前我的期望值太高了，而我的失望也并不是他们真的差。所以，口碑的核心就是超越预期。”雷军认为，超越用户的期望有两个途径，见图6－3。

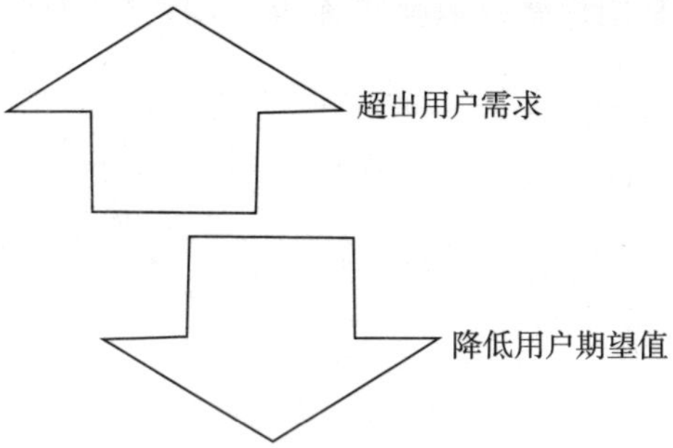

图6－3 超越用户期望的两个途径

雷军是这样说的，也是这样做的。在小米创立之初，雷军向团队成员屡次强调：小米一要保持低调，二要足够保密。当时，小米没有成立市场部，也没有做公关。雷军认为，这样可以降低用户的期望值，甚至使用户零期望值。在这种情况下，用户会更加理性地对产品做出判断。

相反，如果一开始就大张旗鼓宣传雷军创办了小米，小米有一支很强大的团队，MIUI是很好的产品，反而会增加人们的期望值。当用户期望值特别高的时候，反而容易对产品产生一定的偏见。

事实证明，雷军的这种方法很有效。直到2011年7月12日，外界才知道，原来MIUI是小米出品的，小米是雷军创建的。而这时的MIUI仅靠“米粉”的口碑效应，在世界范围内，已经吸引了50多万名手机硬件发烧友。而来自24个国家的粉丝还自发地将MIUI升级为当地语言版本，MIUI系统刷机量超过100万。

在小米经营过程中，雷军尤其注重超越用户的需求。雷军说：“重要的是用户体验，你所提供的无论是纸盒包装还是30天无条件退换货，实际都是为了超出用户的需求。从我们的统计数据来看，客（用）户集中退换货时间都在购买商品后的第2～3天，主要原因是商品质量存在问题或者大小不合适，而不会是用户恶意退换。你尊重用户的感受，用户也会帮助你维护品牌。”

6.5

颠覆式创新：“屌丝产品”的逆袭之路

> 所有颠覆式创新，我总结一句话，就是“屌丝”的逆袭，如何击败高富帅，赢得白富美。
>
> ——周鸿祎

曾经风光无限的手机业巨头诺基亚，为什么短短两三年时间就突然陨落？曾经的芯片业霸主英特尔为什么在移动芯片领域的份额几乎为零？为什么接连不断地有一些看上去世界领先的大企业会逐渐被一些曾经默默无闻的小企业所取代？

颠覆式创新之父、哈佛大学教授克里斯坦森说：“反复的事实让我们看到，那些由于新的消费供给范式的出现而‘亡’的公司企业，本应该对颠覆性技术有所预见，但却无动于衷，直至为时已晚。只专注于他们认为该做的事情，如服务于最有利可图的顾客，聚焦边际利润最诱人的产品项目，那些大公司的领导者一直在走一条持续创新的道路，而恰是这一经营路线，为颠覆性新技术埋葬他们敞开了大门。”

克里斯坦森的主要观点是：用户会被更便宜、更简单、更便利的产品所吸引。颠覆式创新会把原来一些非常复杂的、非常贵的产品，变得更便宜、更普及。随着新产品越来越便宜，就需要招聘更多的人来生产出更多的产品，最终带来经济增长。颠覆式创新可以为公司带来真正的经济增长。后续专家学者通过对颠覆式创新的研究，认为颠覆式创新具备以下四个特征，图6－4。

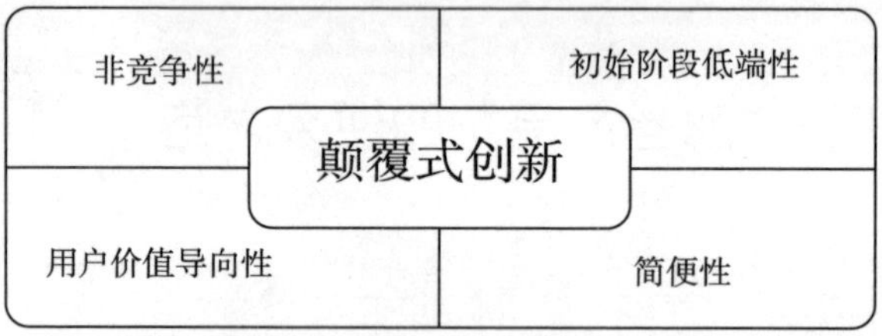

图6－4　颠覆式创新的四个特征

非竞争性。颠覆性创新模式并非去争夺主流市场竞争者的用户，而是通过满足新的现有主流产品的“非消费者”来求得生存与发展。当颠覆式创新发展到一定程度，产品不断提升的品质、适用性等因素可吸引现有主流市场的用户。

初始阶段低端性。在初期，颠覆性创新多立足低端市场，而维持性创新占据的往往是高端市场。也正因为其低端性，主流市场的竞争者会选择忽略它，从而使“颠覆者”避开现有高端市场的激烈竞争，在夹缝中不断生长壮大。

简便性。这一特征使得产品的价格更加低廉，吸引更多的用户。这为颠覆性创新的发展提供了良好的市场条件。同时，简便也使得现有主流市场的竞争者看不懂，甚至忽略新的竞争对手。

用户价值导向性。颠覆性创新以用户价值为导向，并能够帮助用户更好地创造价值。

在移动互联网时代，颠覆式创新无处不在，得颠覆式创新者得“天下”。那么，企业的领导者，该如何使用颠覆式创新这一产品思维，为产品圈粉无数？

360总裁周鸿祎认为，颠覆式创新要么是颠覆商业模式，要么颠覆用户体验。颠覆式创新最重要的就是把麻烦的事情变得简单。

产品的颠覆式创新，并不是“打补丁”，而是“换掉操作系统”。颠覆式创新建立的是另外一个赛道，确立的是新的竞争规则。小公司用破坏性思维以小博大，占领新兴市场；大公司“自己打自己”；才是公司颠覆式创新的内涵，也是公司持续发展的出路。

6.5.1 商业模式的颠覆

360总裁周鸿祎说过这样一段话：“一只大鳄鱼，你要打败它，在水里抱着打，肯定打不过。但是，你把鳄鱼引到树上，猴子就能把它收拾了。互联网时代，小公司打败大公司，改良没有出路，只能靠颠覆。改良是持续性技术，在第一象限；颠覆是破坏性创新，在第四象限。”

从商业模式的颠覆来说，周鸿祎认为，商业模式的颠覆式创新，就是将贵的东西变成便宜的，将收费的变成免费的。商业模式的颠覆，最彻底的就是把收费变免费。不管什么产品，一旦变成免费，价格变成零，就能彻底消除价格门槛，改变游戏规则。这对竞争对手的冲击力也是相当大的。

在互联网行业，最早进行免费式颠覆的典型代表就是淘宝。当时eBay是商业老大，市场规则都是它制定的。eBay规定买卖双方不能直接沟通，eBay还对买卖双方收取交易费，卖家有一定的店铺入驻费。

eBay 当时有品牌、有资源、有资金。如果淘宝跟随行业“老大”的商业模式，那么很自然地会被 eBay 碾压，甚至整个公司都会垮掉，也就没有后来成为行业“老大”的际遇了。但是，当时淘宝对收费体系进行了颠覆，全面开启了免费模式，对买卖双方都免费，而且还创造条件让买卖双方沟通更顺畅。

淘宝在使用免费的商业模式后，很多卖家都来开店，毕竟免费的，不开白不开。很快，淘宝的商品开始丰富起来。买家自然而然也被吸引了过来。为了使买卖双方交易更顺畅，淘宝还创新了支付手段——支付宝。用户用它支付相当方便，这也为用户创造了价值。

淘宝通过这种颠覆式的商业模式——免费，使得公司发展壮大，并最终完胜 eBay，成为了互联网界的巨鳄。

6.5.2 用户体验的颠覆

苹果、腾讯、谷歌等跨国公司为什么一直拥有群体庞大的忠实用户？这在很大程度上取决于将追求用户体验作为公司的产品精神，融入产品的每一道工序之中。这些公司的成长壮大，无不是以用户为中心，从用户体验出发，不断优化用户体验的过程。

这是一个颠覆是常态的时代。公司要想不断成长，免于被颠覆的一个最重要的因素就是对用户体验的精准把握与持续关注。当然，如果一家公司想要崛起，也需要以用户体验为出发点，在用户体验上做颠覆式创新。所谓用户体验上的颠覆式创新，用周鸿祎的话来说：“就是把复杂难用的东西变简单，把笨重的东西变便携。”

周鸿祎的 360 的崛起，不仅仅在于周鸿祎在商业模式上的颠覆，将杀毒软件的价格变成了零，而且更离不开360在用户体验方面的颠覆式创新。

周鸿祎和团队曾花费一年多时间埋头苦干，做了一些看上去不起眼的事情，从细节处一点一点改善产品体验感。

他们将传统的一启动电脑就开始扫描的做法进行了改良，360杀毒软件在电脑启动后不扫描，而是在用户处理完一些事情后，才开始在后台扫描。

他们解决了杀毒软件因为卡而变慢的问题，使软件杀毒更快更流畅。以往，传统的杀毒软件一旦扫描出木马病毒，不管死的活的都会上报。周鸿祎和团队改变了报告病毒的规则，杀毒的时候报毒，并且迅速查杀处理。

他们将杀毒软件的界面简单化，只要三个按钮，其余技术转入后台。保留的三个按钮为：快速扫描、全盘扫描、指定位置扫描。事实证明，用户更喜欢简单的界面，用起来更方便快捷。

此外，他们还将产品设计为默认开启免打扰模式，尽量不打扰用户，不占用电脑资源。用户在玩游戏、看电影、工作时，不弹窗提示，推迟升级、查杀任务。

总之，360团队的目标只有一个：让杀毒软件易用、有效，让用户用起来感觉爽。2009年11月，当360正式推出“360免费杀毒正式版”时，给用户带来了很大的惊喜。

6.6

真正的魔法，是用 5000 个点子磨出 1 个产品

> 设计 1 个产品，你脑海中可能要记住超过 5000 个问题，去把这些组合在一起，使劲让这些想法在一个全新模式下共同运作，从而达到你要的效果。每天你都会发现新东西。这同时也代表新的问题和新的机会。让最终的组合融会贯通，这才是真正的“流程”，也是真正的魔法所在。
>
> ——乔布斯

乔布斯曾一手将苹果带上颠覆世界的旅程。从 iPod、iPhone、iPad 到 MAC，苹果的每一件新产品几乎都成了优秀的代名词，每一件新产品都会掀起世界级的销售狂潮。很多人都在模仿乔布斯的苹果产品，但苹果产品却一直没有被超越。这其中有着什么样的秘密呢？

在一份遗失 16 年的乔布斯访谈公之于世后，人们了解到乔布斯的一些管理方法以及苹果产品的一些秘密。

这次访谈是在 1995 年，当时乔布斯被苹果扫地出门，开始经营自己创办的 NeXT 公司。这段日子，是他人生的一个低谷。18 个月后，苹果收购

了 NeXT。又过了半年，乔布斯重新成为苹果的“帮主”。

在这次访谈中，乔布斯谈到：“我离开后，对苹果最具伤害力的一件事是史考利（苹果前 CEO）犯了一个很严重的毛病：认为只要有很棒的想法，事情就完成了九成。他以为只要告诉其他人，这里有个好点子，他们就会回到办公室，让这个点子成真”。

“问题是，好想法要变成好产品，需要大量的加工。当你不断改善‘很棒的想法’，概念还会不断成长、改变。结果通常跟你开始想的不一样。因为越深入细节，就意味着学得越多。与此同时，你也会发现，你必须做出难以两全的取舍，才能达到目标。有些功能就是不适合电子产品做，有些功能就是不适合用塑胶、玻璃材料做，或是工厂做不到”。

“设计一个产品，你脑海中可能要记住超过 5000 个问题，去把这些组合在一起，使劲让这些想法在一个全新的模式下共同运作，达到你要的效果。每天你都会发现新东西。这同时代表新的问题和新的机会。让最终的组合融会贯通，才是真正的‘流程’，也是真正的魔法所在。”

用 5000 个点子磨出 1 个产品，需要大量辛苦的工作。在整个过程中，需要反复调整，不断改善，持续打磨。在整个流程中，你会投入大量的人力、物力、财力，需要考虑产品与用户需求的匹配度，产品如何颠覆行业，颠覆对手，产品在商业模式或推广方面如何取胜。在整个过程中，“人才”是最重要的因素，有协同合作的团队，有充满工作热情与创意的团队成员，5000 个点子才有机会变成一件趋于极致的产品。

6.6.1 会制造噪音的团队，才会磨出“美丽的石头”

在企业里，很多领导者都希望公司的团队之间彼此一团和气，每个团队之间也相敬如宾，客客气气。在这种企业文化中，领导者的地位和威信会持续上升，但公司的氛围会持续下降。员工们容易形成一种防范心理，而这种心理是分享创意的大敌。

当团队成员在向其他人分享自己的想法时，往往会激发其他成员联想到另外的创意。团队成员之间的想法、创意之间的不断碰撞，也会产生出越来越多的灵感，而这些灵感会不断打磨产品，使其趋于完美。

在这个过程中，团队成员之间可能会因想法、创意的不同，而发生碰撞、争论、大吵。但这种氛围是值得鼓励的。试问：如果人人客客气气，彼此不争论，领导者不听不同的意见，那这样的企业还能走多远？

在管理中，乔布斯鼓励团队成员之间进行想法的摩擦、对抗。他认为，这样的团队才是竭尽所能地想要创造完美产品的团队。乔布斯说，每次产品计划开始的时候，团队都有很多很棒的想法。此时，他会想起他儿时的一幕。

那时候，他认识一个八十岁的独居老人。他希望这位老人能雇佣自己来锄草。一天，这位老人从车库里拉出一辆老旧的磨石机，架子上只有一个马达、咖啡罐和连接两者的皮带。他们在后院捡了很多不起眼的普通石头，并将这些石头放在罐里，倒点溶剂和粗砂粉。之后盖上盖子，开动电机，这些石头互相摩擦、砥砺，发出一些噪音。第二天，乔布斯发现这些石头已经被打磨得异常光滑而美丽。

乔布斯说："在我心里，集合一群才华横溢的伙伴，通过辩论、对抗、争吵、合作、互相打磨，磨砺彼此的想法，才能创造出美丽的'石头'"。

6.6.2 热爱是团队创造力的原动力

有很多企业领导者觉得团队员工缺乏创意，执行力差，效率低下。别说是爆品，就连在市场上有一定销路的产品都难以创造。因此，有的领导者将这个现象归结为人力资源工作方面的不足。

实际上，员工在产品创造、推广、运营等方面缺乏创意，与员工对工作缺乏热爱，缺少工作激情息息相关。热爱是员工工作的动力源泉，也是团队创造力的原动力。越是热爱自己的工作，员工的工作效率就越高，创造力也会源源不断地激发出来，创造出更好的产品。

乔布斯就是因对职业的热爱而缔造出了一个苹果帝国。乔布斯的一天从早晨六点开始，无论是在家中，还是在其他地方，都会随时处理公司的文件、电子邮件等。他一天只用几个小时睡觉，剩下的时间都用来工作。对乔布斯来说，工作并不辛苦，而是一种快乐的享受。他很早就知道自己喜欢什么样的职业，自己热爱和追求的是什么。这种信念使他对待人生和事业的态度都充满激情，永远自信，且永远不会被打倒。工作对于他来说，不仅仅是生活的一部分，还是自己认为有意义的事情，是信仰所在。

如果领导者和团队成员，对待工作有乔布斯这般的热情，以全部心智投入到工作中去，一定会释放巨大的潜能，使工作变得更加有趣，自身也充满活力，工作起来更加专注而有执行力。这种工作热情可以激发出团队源源不断的创造力，使团队高质、高效地打磨出爆品产品。

6.7

以“工匠精神”死磕到底，让世界爱上中国造

> 诚信是最基本的，如果诚信都没有，还会有工匠精神吗……我认为，很多企业诚信是不够的。有的你根本做不到，怎么能说是先进技术？用这个来欺骗市场，欺骗消费者，让人怎么能认同你的“工匠精神”，怎么能认同你的产品。
>
> ——董明珠

在2016年“两会”期间，董明珠大张旗鼓办了一次“北京饭局”。这饭局到底吃的是什么？董明珠准备了4种品牌的电饭煲，其中一款是格力的大松，其余3款都是国外的电饭煲。这4款电饭煲在加热方式、IH段位、容量、米量和水量方面都是一样的。

董明珠用这4种电饭煲煲相同品类的米饭，煲好的米饭分别装在4个器皿中，用ABCD标注。董明珠请嘉宾和参会人员“吃饭”，并根据米饭的好吃度投票。结果投票结果为：A米饭8人；B米饭14人；C米饭5人；D米饭31人。而D米饭就是格力大松电饭煲煲出来的。

此时，大家才明白了董明珠此次“饭局”的真实目的。在猴年春节，

有600万中国游客在境外消费900亿元人民币。那时最火的新闻就是中国游客在日本抢购马桶盖和电饭煲。这件事深深刺痛了董明珠。

在这次产品发布会上，她说："我们这么一个制造大国，怎么可能造不出让人心动的产品？我特别生气'到国外买电饭煲'的事情，这个事真的刺痛了我的神经。我觉得很遗憾，同时也很悲哀，中国没理由连个电饭煲都做不好。"

董明珠用行动证明了格力追求品质，精益生产，将产品做到极致的"工匠精神"。一直以来，踏踏实实做事的"工匠精神"是格力的生存哲学，而格力也一直都是"工匠精神"的坚守者。

从性能不断升级的空调再到完胜国外高品质产品的大松IH电饭煲，格力将产品的品质作为其管理核心来抓。格力的团队多干实事、精益生产，少说空话，耐得住寂寞，守得住底线，不断创新，将最好的产品带给了消费者，也使越来越多的消费者爱上中国造。

可以说，格力正在用"工匠精神"引领中国制造的不断升级。也因此，著名财经作家吴晓波盛赞格力："格力注重产品品质，坚持自主研发核心科技，研发投入非常非常大，格力正走在正确的道路上。"那么，作为领导者，在产品管理层面，应该如何打造出具有"工匠精神"的团队，创造出高品质的产品？

6.7.1 以诚信为根精耕细作

说起"工匠精神"，很多人脑海里会浮现出这样的一些词汇：专注、坚持、精益求精、严谨、耐心、敬业、恒心……这些确实属于"工匠精神"的一部分，但"工匠精神"最为核心的就是——诚信。诚信是"工匠精神”的魂，是“工匠精神”的根，离开诚信，“工匠精神”无从谈起。

董明珠在接受媒体采访时曾坦言，“工匠精神”的核心是讲诚信，中国某些企业就是因为不诚信，所以做出来的产品得不到消费者的信赖。董明珠说：“我认为，很多企业诚信是不够的。有的根本做不到，怎么能说是先进技术？用这个来欺骗市场，欺骗消费者，让人怎么能认同你的‘工匠精神’，怎么能认同你的产品？”

而对于格力的“工匠精神”，在董明珠看来，就是在诚信为本的基础上，做好每个细节，给消费者带去最满意的产品。进一步地，不断给自己挑刺，对产品要追求完美，甚至达到与消费者的无缝对接。

作为领导者，在产品管理方面，应立足诚信，以诚信为企业价值观的基石。如果缺少了诚信，就是再有创新精神，发展速度再快，也不过是昙花一现。而企业的产品管理，只有在诚信的基础上，才谈得上专注、坚持、精益求精、不忘初心等“工匠精神”。

6.7.2 真材实料只为品质

有些领导者在产品方面喜欢走捷径，希望产品能够用最少的成本赚最多的利润。这恰恰是一种悖论。这种产品商业模式确实可能打造出爆品，或者大赚一笔。但终归是一锤子买卖，走不长远，更别谈依靠产品来达到基业长青的目的了。

想打造百年企业，使企业基业长青，一要坚持做产品真材实料；二要对得住自己的良心。

雷军曾多次与公众分享小米的成功之道。雷军说在做小米的时候，他真正学习的几家公司是同仁堂、海底捞、Costco 和沃尔玛。

其中，小米向同仁堂学的是它的匠心独到，做产品货真价实。同仁堂的招牌挂了340余年，它基业长青的根本在于其古训“炮制虽繁必不敢省人工，品味虽贵必不敢减物力”。大意是说，材料即便贵也要用最好的，工序即便繁琐也不删减任何一道工序。简而言之，做出来的产品要真材实料，物超所值。同仁堂一辈辈继承者遵循古训，埋头在自己的“一亩三分地”上苦耕，以老祖宗的“修合无人见，存心有天知”来确保执行力。

雷军将同仁堂的工匠修为学以致用，在做小米的时候，他用全球最好的材料，用他的话说：“我们只买对的，不买贵的”。正是这种匠心，使得小米一经问世，圈粉无数。

6.7.3 专注、敬业、执着

在我国历史上，能穷尽一生去钻研一门技艺，做到极致的匠人不胜枚举：木匠大师鲁班可谓“工匠精神”的开山鼻祖；铸剑大师欧冶子、干将、莫邪用心血铸就绝世名剑；李时珍尝遍千种草药，用一生的时间编写《本草纲目》；王羲之从13岁起，废寝忘食苦练书法，终成书法大家。

在这些人身上有最为典型的“工匠精神”—— 一门心思专注钻研一件事，与这件事死磕到底，不达目的誓不罢休。他们从一件事研磨做起，精耕细作，一丝不苟。他们因“匠”而“心”，严格要求自己，将技术内化于自身，将事情做到极致。

作为领导，如何将工匠精神融入企业产品的各个环节？如何使员工专注、敬业、执着？

首先，要营造有利于工匠精神枝繁叶茂的公司文化氛围。可从以下四个方面入手：

· 要重视一线劳动者，提升一线劳动者的地位；

· 要重视技能人才，要在薪酬方面提供一些具有吸引力的举措；

· 要重视创新，鼓励员工创新和创造的精神；

· 要推崇“十年磨一剑”的理念，高品质和高水准的产品要靠耐心和恒心来打磨。

其次，在企业培训中融入“工匠精神”。在企业培训中，要引导员工“立足岗位学，向师傅学，向同事学，向书本学，向实践学”，激发员工的内在学习动力，使其不断通过学习提升综合素质，练就过硬的技能。企业也可以定期开展职业技能竞赛、岗位比拼等活动，引导员工将工匠精神内化为品格与学习力。

格力向世界传递的企业精神就是“让世界爱上中国造”。格力为什么敢说出这句话？这与格力的“工匠精神”有关。格力为了激励员工的技艺更胜一筹，不仅在培训方面投资很大，而且每年还会举办员工技能大赛。格力会根据实际需求来调整竞赛的内容和形式。

在2016年，格力的员工技能大赛重点项目为钎焊和整机检查。比赛不仅比的是技术的精湛程度，也比临场应变能力。格力也从每年一次的技能大赛中选拔人才，委以重任。

最后，要在公司的制度层面鼓励员工的“工匠精神”。反思公司的制度，凡是不利于“工匠精神”养成的制度要摈弃；凡是有利于鼓励员工发扬“工匠精神”的制度要更加完善。让有技能、肯干活的员工得到实实在在的好处。

EQ

第7章

运营管理：用运营驱动企业竞争力

运营管理是企业发展的关键要素，它决定了企业产品的市场成果。不同的时代对运营模式的要求不同，如今成功的商业模式无不是以用户为中心，边际成本趋于零的模式。只有契合时代特征又适合自身特点的运营模式，才能为企业带来巨大的盈利潜力、发展空间与竞争优势，确保企业实现可持续发展。

7.1 一流的行动，三流的 Idea

> 孙正义跟我有同一个观点。一个方案是一流的 Idea 加三流的实施；另外一个方案是一流的实施加三流的 Idea，哪个好？我们俩同时选择一流的实施，三流的 Idea。
>
> ——马云

苹果、可口可乐、宝洁、京东、阿里巴巴、华为等世界 500 强公司为什么有如此大的成就？其最根本原因是他们的团队有高效的执行力。简单来说，执行力就是行动力，它包含完成任务的意愿、完成任务的能力和完成任务的程度。对个人而言，执行力就是办事能力；对团队而言，执行力就是战斗力；对企业而言，执行力就是经营能力。

执行力是企业发展的根源性动力，是企业的灵魂。柏格森说，行动是必需品，思辨是奢侈品。企业从不缺乏规章制度，也不缺乏完美的决策，但是，如果规章、制度、决策不能落实，这些规章、制度、决策就无法给企业带来效益，只能流于表面形式。唯有强大的执行力，能让规划变成效益，使利润不断攀升。

此外，执行力不仅反映出企业团队的综合实力，也能反映出领导者的角色定位。领导者的角色不仅仅是制定策略和下达命令，更重要的是透过制度、体系、企业文化等规范及引导员工的行为。以此，使得员工有明确的目标，恰当的工作方法和流程，再辅以有效考核与激励，从而全面提升执行力。

7.1.1 立即、现在、马上

在执行力方面，马云与日本软银总裁孙正义曾进行过探讨，他们的观点一致。马云说："孙正义跟我有同一个观点。一个方案是一流 Idea 加三流的实施；另外一个方案是一流的实施加三流的 Idea，哪个好？我们俩同时选择一流的实施，三流的 Idea。"

这也正是当年软银独具慧眼投资阿里的原因之一。当初软银中国团队的一位成员宋安澜说："这不是一个人的事情，整个软银团队还是做了相当深入的分析和研究的。首先对宏观判断，我们认为电子商务一定是必需品领域，虽然那时别人还不这么认为；第二，我们认为他的团队非常好，执行能力非常强。这一点，做淘宝的时候马云团队的执行能力已经体现出来了，在短短几个月内，淘宝就赶上并超越了当时的'领头羊' ebay 中国。"

马云有一句著名的口头禅——现在、立即、马上。他要求团队要有高效执行力，他声称阿里巴巴团队是"一支执行队伍而非想法队伍"。他曾在很多场合反复强调，执行错误的决策要胜过优柔寡断或没有决策，因为在执行的过程中有更多发现并改正错误的机会。

马云在创办阿里巴巴初期，并没有多少人认识到它的价值。为了让用户更方便、快捷地使用阿里，技术人员要对 BBS 上的每一个帖子进行检测并归类。当然很多人不同意，甚至和马云争吵起来，但马云始终坚持自己的决策。当这些技术人员仍旧不执行时，马云大叫："你们立刻、现在、马上去做！立刻！现在！马上！"马云的铁腕领导力使大家即便不理解，但仍旧有效执行。马云的决策加上团队的执行力，使得阿里在互联网危机中活下来并强大起来。

在阿里，马云的思辨能力、战略能力是一流的。他还善于补充各种短板。有时候，他自己开玩笑讲，只要出了事，肯定不是我战略有问题，一定是你们执行有问题。马云认为，战略不会错，错的都是执行。团队的执行力差，最根本的就是 COO 能力不足。湖畔大学教育长曾鸣说："阿里每三五年就会有一个 COO 被干掉。"

而执行力强的团队领导者则是另一番待遇。2013 年，陆兆禧被任命为阿里巴巴集团 CEO。马云选择他的主要原因就是陆兆禧具有超强的执行力。马云曾公开评价其"对新事务的欣赏和学习能力，对关键问题的判断和决断力，以及强大的执行力，令人印象深刻"。

7.1.2 说到做到，算到拿到

万达有着一流的执行力。在 2017 年之前，万达每年都要开业 20 多个万达广场。万达的所有广场项目，一半都会距离计划开业前 2 个月完成，而且工程周期和工程质量还是行业标杆。万达强悍的执行力来自哪里？

外界在分析万达一流执行力时，往往会归结为万达的"军事化管理"。万达总裁王健林表示，万达让所有人心甘情愿为企业奋斗，并不是靠军事化管理。万达一流的执行力源于万达内部形成的强有力的执行文化——说到做到，算到拿到。

说到做到。万达广场、酒店、万达院线等，其中每一个项目在开工时，内部就会下发文件确定开业时间。王健林在谈论万达执行力的内部讲话中指出："我们会在每年9月份召开万达商业年会，在会上我们会公布第二年所有的万达广场、酒店以及其他所有项目的开业时间。大家会觉得很奇怪，为什么我们要提前一年多就向社会公布呢？不是给自己套绳索吗？这是源于一种换位思考。如果说我告诉别人'五一'或者是'十一'，或者是春节开业，这个商家准备的物料、人数是完全不同的，商业的利润也不是那么高的。"万达的项目是"说到做到"，到期之后百分百开业，从不延期。

算到拿到。一般企业在做购物中心项目时，最终决算超过预算20%左右也很常见。但在万达，所有项目最终的成本却低于预算目标，而利润却比预算利润要高。万达的一位项目经理说："在万达，没有PK！没有不可能！只要是经过博弈确立的目标，没有人会说完不成。一旦确立目标，每个人只为完成任务想办法，绝不会为完不成任务找借口。"

万达的员工为什么从不找借口？很简单，万达的薪水很高，项目奖金更是比一般年薪都要高。"重赏之下，必有勇夫"，钱到位了，员工拿到实惠，自然执行力就更高。

7.2

省一块赚三块，开启低成本运营程序

> 在我看来，创业公司没有持续盈利之前，一直都算是在过冬。创业者必须具备少花钱甚至不花钱办事，并且还能把事情办漂亮的能力。如果只靠花钱办事，那小公司就不会有机会了。
>
> ——雷军

企业在运营过程中会产生各种成本，比如研发成本、生产成本、材料成本、绩效成本、销售成本等，如果不能对运营中的各种成本进行精确分析、预算、控制，就会导致企业的运营成本不降甚至升高，直接影响企业的利润。

如今，在移动互联网时代，低成本运营已经成为很多企业的重要战略之一。低成本运营，简而言之，是指企业组织持续的低成本经营。“低成本”是一个相对的概念，从企业自身来说，它代表企业同过去相比运营成本降低，与企业同类产品和服务相比运营成本降低。企业通过持续低成本运营，优化整合了企业内部的各种资源，保持了产品与服务的高效率、高质量与竞争力。低成本运营能使得企业在保持利润最大化的同时，获得投资收益最大化。企业开启并实现低成本运营程序，离不开以下三大基石，见图7－1。

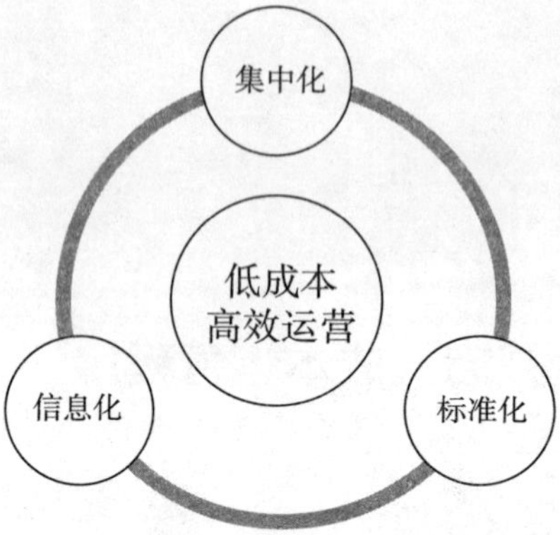

图7－1　低成本高效运营三大基石

集中化，即跨地域、跨领域整合分散有限的资源，使其趋于统一、精简和高效能。要尽可能减少机构和设施点的数量，减少组织层级，提升组织内各类资源使用效率，以规模效应降低运营成本；标准化，即企业以统一标准来规范产品、设备、服务、运营、流程与作业，最终实现资源最优利用和提升企业效率的做法；信息化，即利用信息技术改进企业运营中的各个环节，改善企业管理中的各种问题，从而提升企业效能，降低运营成本，提升企业综合竞争力。

企业以这三大基石为根基，建立全员成本意识，做好事前成本控制，以规章制度与积极沟通来激励员工提升执行力，利用信息技术简化流程等，才能最终使得企业的低成本、高效率运营程序成功开启。

7.2.1　低成本运营的五种方法

雷军在初创小米的时候，就采取了低成本、高效率运营战略。他说：

“在我看来，创业公司没有持续盈利之前，一直都算是在过冬。创业者必须具备少花钱甚至不花钱办事，并且还能把事情办漂亮的能力。如果只靠花钱办事，那小公司就不会有机会了。”雷军还为企业开出了“低成本运营”的5个方子，见图7－2。

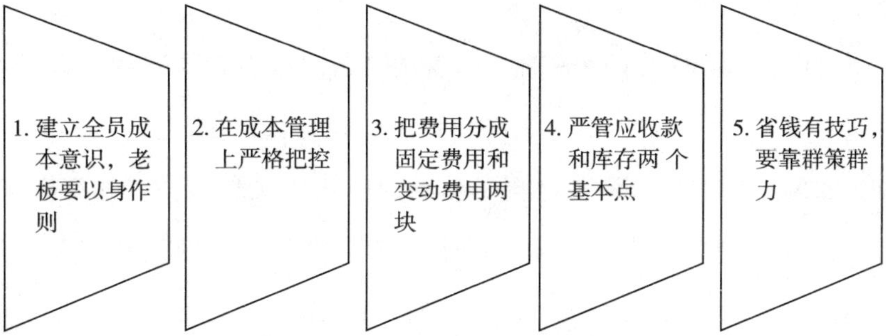

图7－2　低成本运营的五个方子

建立全员成本意识，老板要以身作则。雷军主张从公司成立起，成本意识就应该建立起来。企业在创立时，不要去砸钱租用豪华的办公室，不要在开拓市场方面无计划砸钱。初创公司老板以身作则，要有“省钱就是赚钱，省一块钱就是赚三块钱”的节流意识与行为，强化成本控制，使运营成本降下来。老板以自己的这种意识来影响员工，使全员都有成本意识。这样，公司就容易做好成本控制。在遇到风险时，更容易渡过难关。

在成本管理上严格把控。雷军说：“该花的钱一定要花，不该花的钱一分钱都不能花。”雷军建议初创企业在员工报销电话费、出租车费或请客吃饭费等方面，不要不管不顾，要有制度约束，不能形成不良风气。但在员工报酬或员工持股方面，公司要给予员工更好的回报，这时候就不要计较钱的问题。

把费用分成固定费用和变动费用。雷军主张初创企业财务清晰，成本费用上要严格区分固定费用与变动费用。每季度、每年要对固定成本部分进行分析，进而控制好这部分成本。在变动成本方面，每个月财务分析会上都要重点分析，以使企业对必须花出去的钱有绝对控制权。在企业遇到危机时，先停掉所有的变动费用，然后分析固定成本，逐项定计划消减，以此逐步减少运营成本。

严管应收款和库存两个基本点。雷军说："小企业头等大事是关心现金存量可以发几个月的工资。大企业账上的现金比较多，首要关心的是现金流。如果当月赚钱但是现金流是负的，一定要认真核查。如果有问题，要及早解决。"雷军建议，公司要严格管理应收款，修改销售政策，尽量现款销售。甚至可以成立专门小组负责催收应收款，以此来控制应收款的增长。雷军还指出，要注意库存管理，所有业务主管要定期到库房现场办公，解决库存相关问题，加大库存处理的力度和速度，保持库存的周转效率。

省钱有技巧，要靠群策群力。雷军指出低成本运营也要讲究一定的策略。他说："对于现金充沛的企业，在市场环境不好的情况下要大胆。别人恐惧的时候，各种运作成本都很低，比如市场费用、员工的雇佣成本等，要大胆扩张，可以用较低成本建立较高的竞争门槛。对于现金严重不足的企业，要严格控制成本。认真检查固定成本，每项固定成本都要问一下是否可以节约，如每月支出的办公费、人员工资等；变动成本尽量取消。还有，尽量只做六个月以内能产生收益的项目。活下去才是硬道理，这就是创业的生存法则。"

7.2.2 快速精准化→低成本运营

企业的精准营销可以使企业集中优势资源，瞄准目标用户群，能有效降低企业运营成本，并使企业运营体系得到可持续发展。

精准营销并不是一个新概念，所谓精准营销，即在充分了解用户信息的基础上，精确找到目标用户的需求，针对客户喜好，有针对性地进行产品营销，从而拉近自身与目标用户的距离，大大缩减企业的运营成本。企业在进行精准营销时，一般遵循五步，见图7-3。

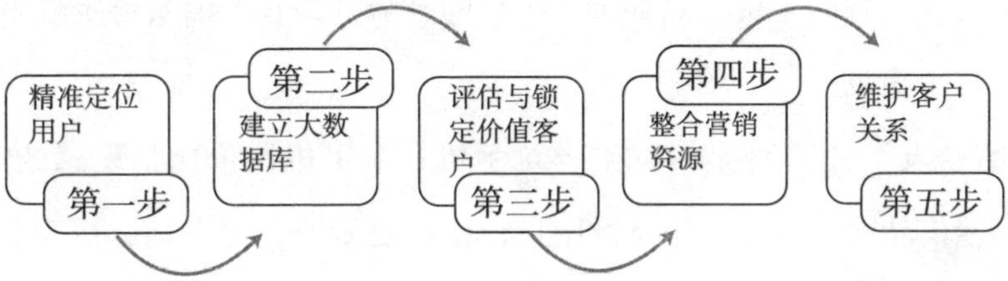

图7-3　精准营销的五个步骤

第一步：精准定位用户。精准营销的第一步，就是分析消费者需求特性，明确定位目标消费群。在搞清楚消费群定位的基础上，再搞清楚公司的产品或品牌开创了或者代表了什么品类，是否采取了适合特定目标消费群的营销方式。

第二步：建立大数据库。建立客户数据库是实现精准营销的核心。真正有用的数据，不仅是一组客户名单或记录，而应该是客户曾经购物的详细情况，或者是潜在客户的资历与详细情况。

第三步：评估与锁定价值客户。企业应将数量庞大的客户群体进行细分，如可以按照客户的购买情况以及客户购买偏好确定其价值，将客户分为：潜在客户、意向或目标客户、中小客户、优质大客户和意见领袖。

第四步：整合营销资源。整合企业营销资源，充分利用营销资源向客户传达产品亮点、产品的价值观，使产品的口碑传播开去。

第五步：发展与客户多次、长期关系。精准营销的本质是关系营销。

企业应与客户建立长期稳定的关系，使客户多次购买，客户的忠诚度与日俱增，并且客户愿意将产品的正面信息分享传播给周围更多的人。这样的精准营销才是最有效的。

小米可谓将精准营销做到了极致。小米手机刚入市时，苹果正火，国产手机市场销售并不乐观。小米通过对消费者的研究，进行精准营销。它的定位是“互联网手机”新品类，苹果的补缺者，它的消费群定位是“发烧友”这个市场。

“发烧友”用户群是一群酷爱玩手机，对手机性价比很敏感的人群。他们不迷信品牌，相对其他类群用户，他们更专业，更自信，更享受性价比，也更喜欢 DIY。

在这种精准定位下，小米依托电商平台和移动互联网，进行饥饿营销。超高的性价比与极低的运营成本，也就有了小米日后的红极一时的轰动效应。

小米通过 MIUI 和米聊，对用户进行深耕，为跟进者架设了很高的壁垒。小米除了卖手机，还卖增值服务和衍生产品。另外，小米讲究“兵贵神速”“唯快不破”。在研发上，小米让用户参与，缩短流程，快速推新。

小米的精准营销，所带来的是更快的速度，更高的性价比，更多的用户以及更低成本的企业运营。

7.3 羊毛出在猪身上，狗来埋单

> 传统经济的本质，就是低买高卖。但互联网最激动人心的地方，在于你能给亿万用户提供非常好的产品免费用，最后你还能因此获得巨额的财富。这种模式在传统的商业世界中是无法解释的。
>
> ——周鸿祎

在移动互联网开局阶段，人们但凡谈及商业模式，势必会说“羊毛出在猪身上，狗来埋单”。这句话最直接的意思就是说，我卖的产品是免费的，但我能从产品的附加值里面赚取利润。如同我们观看视频，视频网站赚取广告商的钱，用户对应的是猪，广告商对应的是狗，羊毛可以说是利润、利益，也可以说是一种商业模式。

“羊毛出在猪身上，狗来埋单”集“免费”与“跨界”两种元素于一体，是企业经营、商业模式、利润创造的创新思维的一种表达方式。将这一商业思维运用得炉火纯青的代表就是微信了。

2014 年，微信大约积累了 6000 万用户。仅仅用了一年半时间，微信的客户达到 3 亿，然后又在短时间内快速升至 7 亿。快速爆发的人口红利，吸引了大量移动互联网创业平台型项目来“埋单”。这些项目也按照“羊毛出在猪身上，狗来埋单”的逻辑获得了成功。

不得不说的是，企业在用“羊毛出在猪身上，狗来埋单”这种商业模式之前，必须理清三个问题，见图7－4。

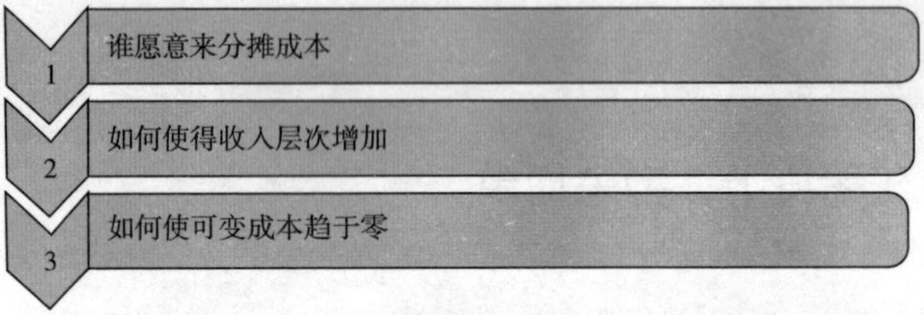

图7－4　新商业模式需理清的问题

谁愿意来分摊成本？愿意为成本埋单的第三方往往是“这项成本原本就是他的支出项”。双方的合作项目又有成本合并同类项，这样双方通过共享，就能使彼此的成本降低了。

如何使得收入层级增加？当企业支付了完成直接买卖的所有成本，这时，企业就可以把这份新增价值以极具吸引力的价格卖给第三方，进而增加收入层级。

如何使可变成本趋于零？在传统商业模式下，企业每多生产一个产品，增加一个客户，需支付的可变成本就会增加。但在互联网+时代，数字化、信息化的企业会随着客户的增加，支出成本不变。这种情况下，可变成本就会趋向于零。此时，采用免费或跨界的商业模式，就很容易形成行业的颠覆。

7.3.1　免费，免费，免费

美国著名的互联网杂志总编克里斯·安德森在2009年出版的著作

《免费》一书中，首次提出了免费经济的概念。在书中，他说："互联网把微处理器、网络宽带和存储融合在一起。在技术革命推动下，这三者的成本都在以惊人的速度降低。互联网不仅整合三者，而且以极低的成本接触到了数以亿计的海量用户。当一种互联网软件以趋近于零的生产成本和同样趋近于零的流通成本抵达海量用户的时候，它的价格自然也可以趋近于零。"

在移动互联网时代，免费商业模式无处不在。免费搭车，免费打电话，免费看报纸，免费吃饭……免费已经成为最厉害的营销手段。免费社交模式使微信成为价值千亿的公司；免费杀毒模式使360垄断了整个杀毒行业；免费接送服务，使四川航空公司有了空前的利润空间。可以说，传统的付费商业模式已让位于免费商业模式。免费的商业模式与传统的商业模式相比，有这样的优势，见图7－5。

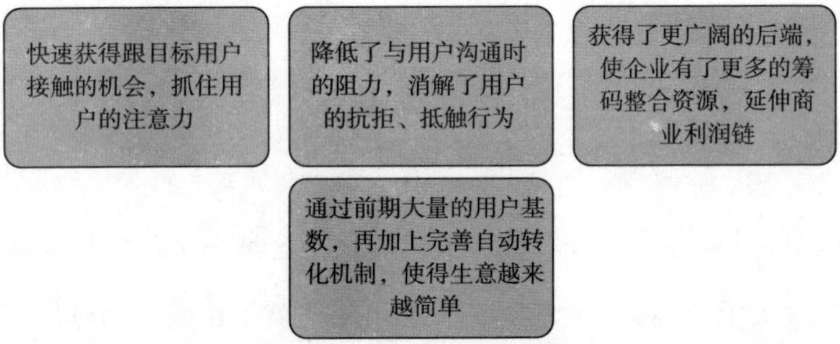

图7－5　免费商业模式的优势

360的成功可以说是得益于免费的商业模式。周鸿祎说："如果你能够有一种免费的商业模式，它就是世界上最好的营销模式，因为不需要花很多广告去做推广，本身就能形成口碑。"

2006年，360在运营中就有了"基础服务应当免费"这一理念。当时，周鸿祎的360免费服务有了上亿元收入，周鸿祎却决定放弃这些，甚至放弃上市的机会，使用户永久免费使用360杀毒软件。

周鸿祎认为："所有的商业模式都是建立在用户的基础上，没有用户再好的业务都会崩塌。有时为了用户损失一些业务和收入，只要用户还在，收入还会回来。免费正是能起到聚拢用户、让用户离不开你的作用。企业的价值不是由市值决定，而是由用户价值决定。"

当时，很多杀毒厂商看不懂360的运营模式，他们实在想不透，360如何将免费进行到底。而这想不透，也恰恰给了360发展机遇。从2010年开始，大多数互联网用户都选用了360杀毒软件，此时，360又推出了360搜索，并通过互联网给网民进行推广就能挣到钱。

到了2012年，360收入超过10亿元，用户数量达到4亿人。360的免费商业模式创造了强大的用户价值和商业价值，已经颠覆了整个杀毒行业。

7.3.2 跨界打劫——模式颠覆

"这是一个摧毁你，却与你无关的时代；这是一个跨界打劫你，你却无力反击的时代；这是一个你醒来太慢，干脆就不用醒来的时代；这是一个不是对手比你强，而是你根本连对手是谁都不知道的时代。"

这是一段网络上广为流传的话。如今市场发展相对成熟，竞争激烈，显而易见的市场机会基本不存在了。如果仍旧使用传统的单一的手段，很难突破瓶颈，获得较大的市场发展空间。此时，移动互联网时代的典型思维"跨界"，越发能凸显出它独一无二的优势。互联网跨界商业模式主要表现为两种，见图7-6。

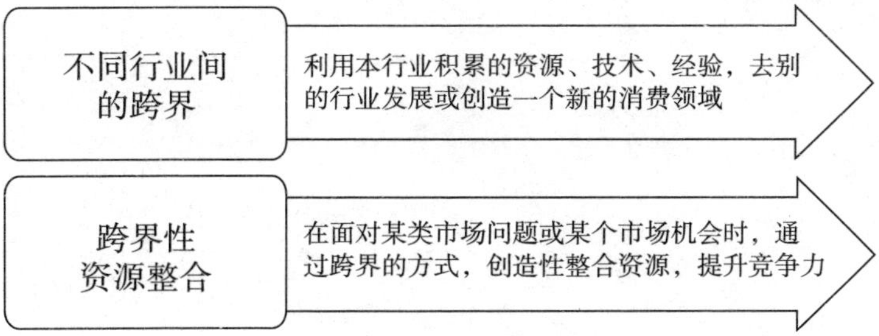

图7－6　互联网跨界的两种商业模式

小米、万达、阿里巴巴采取的是第一种跨界形式。小米最初只做手机，如今小米已与“美的”约会，与其在智能家居等方面进行合作；万达是做商业地产的，但后来又大力发展电影业院线平台。阿里巴巴最初是做电商的，如今阿里巴巴在娱乐、智慧交通、房产等领域都取得了很大的发展空间。

现在比较热门的共享单车行业，其实是采取了第二种跨界模式，它整合了自行车制造业、（移动）互联网、智能锁、物联网、GPS、移动支付、大数据、互联网金融等各种行业资源，从而获得了极大的成功。

7.4

聚焦，聚焦，再聚焦

水和空气是世界上最温柔的东西，因此人们常常赞美水性、轻风。但大家又都知道，同样是温柔的东西，火箭是空气推动的，火箭燃烧后的高速气体，通过一个叫拉法尔喷管的小孔，扩散出来的气流，产生巨大的推力，可以把人类推向宇宙。像美人一样的水，一旦在高压下从一个小孔中喷出来，就可以用于切割钢板。可见力出一孔，其威力之大。十五万人的能量如果在一个单孔里去努力，大家的利益都在这个单孔里获取。如果华为能坚持“力出一孔，利出一孔”，下一个倒下的就不会是华为。

——任正非

美国营销战略大师劳拉·里斯在一部商业著作中有过这样一段论述：“激光的能量很微弱，它是将几瓦能量集中起来的相干光束。但激光却可以在钻石上钻孔或杀死癌细胞。如果让公司聚焦，也会产生同样效果。你会创造出一种像激光那样强大的、主导市场的能力。这就是聚焦的意义。”

所谓聚焦战略，是指把经营战略的重点放在一个特定的目标市场上，为特定的地区或特定的购买者集团提供特殊的产品或服务。也就是说，企业集中使用资源，以快于过去的增长速度来增加某种产品的销售额和市场占有率。

聚焦策略并不适用于所有企业，而适用于那些业务专一化，能以更高的效率和更好的效果为某一狭窄的细分市场服务的企业。在这样的企业里，实施聚焦策略，能增强企业的核心竞争力。当然，聚焦策略有优势的一面，也有劣势的一面，见图 7－7。

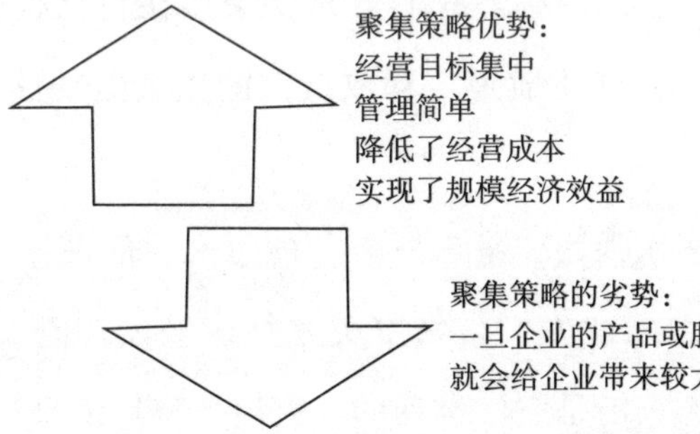

图 7－7　聚焦战略的优势与劣势

企业在使用聚焦战略时，应根据企业自身的具体情况来确定是否需要聚焦，何时聚焦，如何聚焦。一般来说，当企业具有完全不同的客户群，同行业竞争对手没有实施聚焦策略；企业资源不允许市场细分广泛化；行业细分部分存在较大差异等情况下，企业采取聚焦战略来运营才是最好的选择。

7.4.1　力出一孔，利出一孔

春秋时期，齐相管仲提出了“利出一孔，其国无敌”的治国之策。他主张国家在政治、经济、法律方面采取控制手段，垄断社会财物，使人民不得不依顺国家。秦国的商鞅在其《商君书》中也提出“利出一孔”的思想。他这里的“孔”是指“农战”。

不管是管仲，还是商鞅，他们的“利出一孔”所倡导的都是集中所有力量来办一件事，以此取得极大的突破。

任正非认为，“利出一孔”的思想虽然是古人于两千多年前提出来的，但对于华为来说，这种思想仍旧有重要的指导意义和现实价值。在2013年轮值CEO的新年献词上，任正非发言说：“‘聚焦战略，简化管理，提高效益’，彰示了我们新一年的目标。我们就是要聚焦在自己优势的地方，充分发挥组织的能力，以及在主航道上释放员工的主观能动性与创造力，从而产生较大的效益。”

在华为，任正非曾多次强调“聚焦战略”的意义。他说：“水和空气是世界上最温柔的东西，因此人们常常赞美水性、轻风。但大家又都知道，同样是温柔的东西，火箭是空气推动的，火箭燃烧后的高速气体，通过一个叫拉法尔喷管的小孔，扩散出来的气流，产生巨大的推力，可以把人类推向宇宙。像美人一样的水，一旦在高压下从一个小孔中喷出来，就可以用于切割钢板。可见力出一孔，其威力之大。十五万人的能量如果在一个单孔里去努力，大家的利益都在这个单孔里去获取。如果华为能坚持‘力出一孔，利出一孔’，下一个倒下的就不会是华为。”

任正非一直采取“集中兵力”的发展策略，激励全体员工艰苦奋斗。任正非还将“力出一孔，利出一孔”的思想转化为华为的“压强策略”。在《华为基本法》第23条中，有着明确的规定：“我们坚持‘压强原则’，在成功关键因素和选定的战略生长点上，以超过主要竞争对手的强度配置资源。要么不做，要做，就极大地集中人力、物力和财力，实现重点突破。”

正是在这种聚焦策略的指引下，才使得注册资金仅2万元的华为逐步发展壮大。1993年，华为销售收入达到4.1亿元人民币；1999年销售收入突破100亿元人民币；2009年销售收入达到1491亿元人民币；2013年销售收入达到2390亿元人民币；2016年销售收入达到5216亿元人民币。

7.4.2 以聚焦策略运营品牌

很多企业在运营品牌时，试图向消费人群传递更多的卖点，更好的故事，以及更奇特的文化……他们希望以此来获得用户的认可。其实这是一个误区。时代的信息化以及消费者的倦怠等因素，使其无法接受关于产品或品牌的过多的信息。企业必须懂得取舍之道，懂得聚焦，聚焦，再聚焦。

苹果公司的再次崛起，源于乔布斯的“聚焦战略”。1997年，乔布斯回到濒临绝境的苹果公司，此时苹果公司的主打产品依然是他离开之前的麦金塔电脑，但前任总裁实施了市场细分营销策略，这使得苹果的产品拥有众多的系列和版本，但单款产品看上去都缺乏吸引力。

乔布斯召集董事会成员后，他白板上画了一个巨大的十字，他指着那十字的四个空白的区域说，苹果将只开发四款产品，分别针对个人市场和专业市场中的高端用户和低端用户。起初，董事会成员还觉得不可理解，但乔布斯的这一产品品类聚焦战略通过iMac的开发获得了巨大的成功，重新点燃了市场对于苹果的厚望。

1999年，乔布斯顺势推出了第二代iMac，还发布了红、黄、蓝、绿、紫五种水果颜色的款式以供选择。

苹果以简洁清晰的产品品类聚焦策略，使苹果能够集中所有力量，深挖市场用户的需求，做出极致的产品。苹果也自此找到了自己的竞争优势，降低了企业的运营成本，维持了高利润，重新巩固了苹果产品的市场地位。

7.5

用户体验≠商业模式成功

> 光有用户体验的成功，最后并不代表我们新的商业模式能够成功，这一点也是我们今天移动互联网很多创业者存在的问题。忘记了成本和效率，老是强调好的用户体验，以为有用户就能赚钱。
>
> ——刘强东

过去20年，互联网行业的巨大成功告诉我们：如果你能够将用户体验做到更好，你就能成功。所有具有变革意义的商业实践，都是既迎合技术创新的趋势变化，又在情感体验方面触动用户的内心。IBM、苹果、阿里巴巴、京东、小米……这些成功的大企业，为用户提供了更好的体验。

在“用户至上”的思维主导下，很多公司功利性很强，目标直指“完美的客户体验”，但却忽视了客户体验背后的成本、效率、团队等决定性因素。可谓“一叶障目不见泰山”。

京东总裁刘强东说：“光有用户体验的成功，最后并不代表我们新的商业模式能够成功，这一点也是我们今天移动互联网很多创业者存在的问题。忘记了成本和效率，老是强调好的用户体验，以为有用户就能赚钱。”

用户体验是商业模式的核心，但这两者之间却不是对等的。企业在重视产品带给用户更好体验的同时，必须兼顾成本、效率、团队等各个层面。只有多层面用力，最终指向用户体验，才是成功的商业模式。

7.5.1 倒三角管控模式

在我们的传统意识里，正三角形式是一个很稳定的结构，而倒三角形则是不稳定的。但在京东，很长时期内，刘强东都是以倒三角形模式来管理京东的，且取得了巨大的成功。这个倒三角形里藏着怎样的秘密？

刘强东的倒三角形管理模型里包括团队、物流、成本、效率等关键词，唯一缺失的是毛利，因为“毛利并非京东的考核 KPI”，见图 7-8。

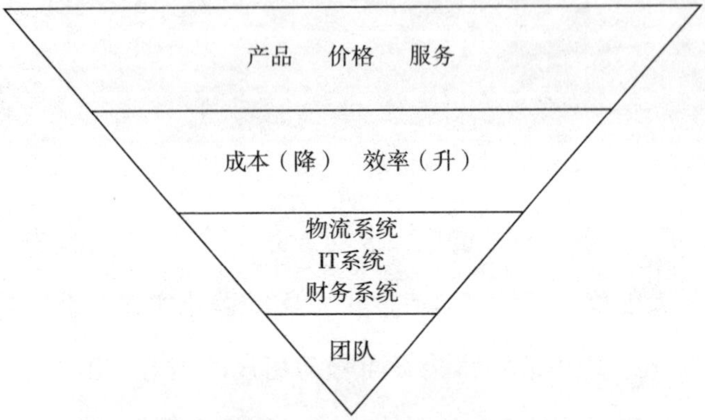

图 7-8　京东的倒三角模型

在这个倒三角形模型中，团队是倒数第一个层面，对京东来说，它是基础；物流系统、IT 系统及财务系统是倒数第二个层面，它是京东的供应链；成本、效率是倒数第三层面，是京东关键 KPI 的重要参考；产品、价格和服务是倒数第四层面，它对应的是用户体验。

可以看出，只有产品、价格、服务层才是直接对应用户体验的，其他各层是“无形”状态。在“无形”层面，京东的内部分工为：CHO 负责团队，COO 负责物流，CTO 负责 IT 系统，CFO 负责财务系统。刘强东这个 CEO 的角色是“让京东每个员工、每个组织体系都不脱离这个倒三角模型”。

倒三角倒数第一层：团队。团队是这个倒三角的根本，是一个公司发展的动力与基石。一个拥有各方面优秀人才和良好的文化制度的团队，能够迅速为企业打开市场，稳固市场，使企业活得更久。而团队的优秀与否，在于拥有什么样的领导人。刘强东认为，如果失败，“一定是京东团队出问题，而其中 99% 是我出问题，是公司 CEO 不行”。

倒三角倒数第二层：物流系统、IT 系统及财务系统。京东从 2007 年完成第一笔融资，开始投资物流。那时，很多人都认为刘强东的决策是错误的，很多商业大佬对他的做法持否定态度。但是 5 年后，刘强东给出了答案。此时，京东已经实现 177 个城市配送，自有物流配送比例占到 70% 。截止到 2015 年，京东物流配送业务线的员工已经超过 60 000 人，2015 年全年营业收入达到 1813 亿元人民币。

京东 IT 信息系统是很强大的。2012 年，服务器数量有 8000 台左右。每个产品或者人员的管理，包括采购、财务、市场每个员工的操作和售后服务等，京东都能够通过技术进行管理。

刘强东一向重视现金流，他认为一家零售企业，如果能够让现金流合理、稳定并且有效的收益，就能够减少压力赚取利润，在价格竞争中得到先机。在这种理念指引下，京东的财务系统相对稳定，现金流充足。

倒三角倒数第三层：成本、效率。京东以成本、效率作为员工业绩考核的重要标准。在这一层，京东要求成本下降，效率上升。从成本角度说，需要考虑：与同行业相比，信息、物流和财务系统，成本能不能低于行业平均数、能不能低于主要竞争对手。从效率角度说，信息、物流、财务这三个系统的运转是否够快，运转越快，效率越高，回报率越高，成本也就越低。

倒三角倒数第四层：产品、价格和服务。产品、价格和服务是直接指向用户体验的。用户通过这三项来感知评价京东，京东也会根据用户的评价及时调整战略，将这三项做得更贴近用户需求，更趋于极致。

2007 年，京东通过市场调查发现，产品、价格和服务这三项因素中，排在第一位的是价格，第二位是产品，第三是便利性。随着用户需求的变化，用户的体验也随之发生变化。到了 2011 年，京东再做这样的市场调研时，之前的顺序发生了变化，产品成了第一位的，用户对价格的关注减少，而更加注重产品的品质。

7.5.2 一拖三定律

刘强东认为，创业成功需要具备四个要素：团队、用户体验、成本和效率。他根据多年的创业经历，总结出一个规律，叫作“一拖三”。

一是团队。刘强东认为，在一家公司，团队是最重要的。你的公司发生任何问题，首先要从公司的团队中找问题。二是用户体验。刘强东说：“不管做产品还是做服务，做硬件还是做软件，是在互联网还是传统行业，最核心比拼的是你的用户体验。经济发展了几百年，全世界任何一家公司成功的过程中，都是因为提供了更好的用户体验”。三是成本。刘强东认为，任何一种商业模式，如果不能把这个行业的成本降低，最后都是有问题的。四是效率。刘强东认为，京东比同行业成本低，体验好，最为重要的就是团队工作效率高。刘强东建议初创公司多问自己四个问题，见图 7－9。

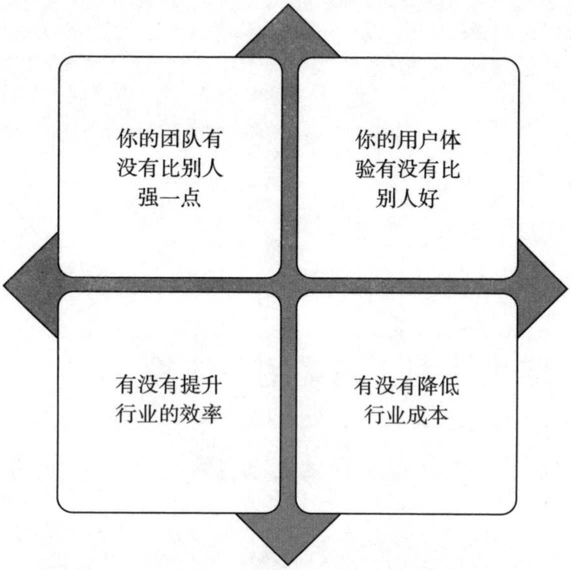

图7－9　初创公司的四个问题

刘强东对创业公司的建议是："在优秀的成功的团队基础之上，你只要把用户体验，成本或者效率这三点，至少要做到一点。同时，另外两点又没有减损的情况下，基本上就可以算成功。什么叫没有减损，千万不要说只要用户体验好了，你一定能成功。"

7.6

小步试错，迭代快跑，注重用户体验

如果你掌握了互联网产品的规律，可能你不用太多的人力，只要瞄准用户的需求点，同时在技术开发方面，采用“小步快跑，循序渐进，不断试错”的思路，我觉得就有可能会超过大公司。

——周鸿祎

中国的互联网不过二十多年，却已经经历了三个“朝代”，即门户、Web2. 0 和移动互联网时代。随着技术的日新月异和消费者心理需求的变化，互联网时代对产品的要求越来越高，不仅要完美、极致，有工匠精神，还必须快速更新迭代。

互联网产品的本质是服务，需要根据用户的需求不断变化，随时做出调整。产品如果做不到这一点，就很容易被市场淘汰。比如，早些年微软的 Windows XP 比较成功。在传统软件时代，用户需求不多，微软能够精准把握用户需求。但到了移动互联网时代，用户需求变化太快，微软闭门造车出来的 Vista 就不可避免地遭遇了失败。

“小步试错，迭代快跑，注重用户体验”是互联网时代产品制胜的强大武器。做产品一定要快，不必等一切想明白再动手。当你组建团队，用三五年时间来研制某件产品时，也许等不到那个时候，市场上就有了这种产品。

在这个时代，产品已经不是一次性设计，终身不变的状态，而是推进市场去试错，不断根据用户的体验与需求来“改进”产品。只有快速迭代，才能迅速甩掉竞争者，使产品在市场上有一席之地。

小米在前期积累了一大批忠实的“米粉”，最初的MIUI也只是在“米粉”中推广。当时，小米通过收集这些粉丝们的反馈，不断试错，迭代开发，最终获得了巨大的推广效应。“微信之父”张小龙在微信内部举办的一次“领导力大会”上提到，当年QQ邮箱推出之后，不断获取用户反馈，不断改进，迭代，最终促成了QQ邮箱获得巨大成功；Facebook在推出之初，不过是哈佛校内的花名册，经过不断迭代优化后，才逐步扩展到常春藤学校去，慢慢延伸至全美国，最后到了全世界。

“小步试错，迭代快跑，注重用户体验”也是互联网产品运营的典型规律。正如周鸿祎所说：“如果你掌握了互联网产品的规律，可能你不用太多的人力，只要瞄准用户的需求点，同时在技术开发方面，采用“小步快跑，循序渐进，不断试错”的思路，我觉得就有可能会超过大公司。”

7.6.1 以用户为出发点，MVP敏捷迭代

周鸿祎在谈论互联网产品方法论的时候，曾多次提出“小步快跑，不断试错，快速迭代”的互联网产品运营理念，也曾多次提出以这种理念为互联网产品的管理方法。

周鸿祎在自己的一篇文章中说过：“像Google所有的产品，每过一段

时间都会有小的改变，这是做互联网产品的思路。产品一定是让人去用的，根据用户反馈不断去修正的。”

“无论你的想法高明与否，我认为都不如用户的选择高明。有了任何想法，不要奢望做到完美再推向市场，不如先简单地做出一点点，拿到市场上做实验，一旦对了就迅速跟进，一旦不对调整的成本也很低。”

事实上，无论是在互联网企业还是传统企业，那些已经成功占据市场主导地位的企业，早就意识到“小步试错，迭代快跑”的重要性，并验证了这一理论对公司产品的巨大推动力。

美国企业家埃里克·里斯，IMUV 联合创始人及 CTO，在其著作《精益创业》中提出 MVP（minimum viable product）概念，即“最简可行产品”——用最快、最简明的方式建立一个可用的 MVP 原型，并在这个最小化可行产品上持续快速迭代，直到产品到达一个相对稳定的阶段。

在 2001 年 1 月，苹果公司发布了第一版 iTunes，它支持 Mac 用户将 CD 音频转换为音频文件，仅有翻录和组织音乐库功能。在那个时期，转换音乐需要一定的技术知识，所有使用 iTunes 软件的都是真正热爱这种消遣的用户。苹果公司通过发布第一版 iTunes，收集早期用户的反馈，从而有机会检测市场对数码音乐的潜在需求力度。当苹果发现数码音乐存在巨大的需求空间时，仅仅隔了 9 个月，就创造并发布了 iPod。

iTunes 就是苹果典型的小步试错产品。它发布速度快，功能简单，可以说是最低成本的验证市场的可行性产品。

7.6.2 拓展灰度空间，进行精益创新

腾讯一直以“小步试错，迭代快跑，注重用户体验”运营理念来不断

改进产品，这也是腾讯一直屹立不倒还能攻城拔寨的原因。腾讯的这种理念之所以能够很好地执行，得益于马化腾的“灰度管理法则”。

在一次演讲中，马化腾思考腾讯 14 年来的经验和教训，并总结出腾讯产品运营管理中的“灰度法则”。部分演讲内容如下：

这里，我想跟大家分享一下我的思考。这些思考来自腾讯多年来的经验和教训，希望对大家能有所帮助。在腾讯内部的产品开发和运营过程中，有一个词一直被反复提及，那就是“灰度”。

我很尊敬的企业家前辈任正非也曾经从这个角度有过深入思考，并且写过《管理的灰度》。他所提倡的灰度，主要是内部管理上的妥协和宽容。

“但是我想，在互联网时代，产品创新和企业管理的灰度更意味着时刻保持灵活性，时刻贴近千变万化的用户需求，并随趋势潮流而变。

那么，怎样找到最恰当的灰度，而不是在错误的道路上越跑越远？既能保持企业的正常有效运转，又能让创新有一个灵活的环境；既让创新不被扼杀，又不会走进创新的死胡同。这就需要我们在快速变化中找到最合适的平衡点。

互联网是一个开放交融、瞬息万变的大生态。作为互联网生态里面的物种，企业需要像自然界的生物一样，各个方面都具有与生态系统汇接、和谐共生的特性。

从生态的角度观察思考，我把多年来腾讯的内在转变和经验得失总结为创造生物型组织的‘灰度法则’。这个法则具体包括 7 个维度：需求度、速度、灵活度、冗余度、开放协作度、创新度和进化度。

马化腾在详细论述腾讯的七个维度时，从精益创新的角度来说，他提出的这些观点很有价值：

“现在的互联网产品更像一种服务，所以要求设计者和开发者有很强的用户感。一定要一边做自己产品的忠实用户，一边把自己的触角伸到其他用户当中，去感受他们真实的声音。只有这样才能脚踏实地，从不完美向完美一点点靠近。”

“我的建议就是‘小步快跑，快速迭代’。也许每一次产品的更新都不是完美的，但是如果坚持每天发现、修正一两个小问题，不到一年基本就把作品打磨出来了，自己也就很有产品感觉了。”

“在面对创新的问题上，要允许适度的浪费。怎么理解？就是在资源许可的前提下，即使有一两个团队同时研发一款产品也是可以接受的，只要你认为这个项目是你在战略上必须做的。”

“创意、研发其实不是创新的源头。如果一个企业已经成为生态型企业，开放协作度、进化度、冗余度、速度、需求度都比较高，创新就会从灰度空间源源不断涌出。从这个意义上讲，创新不是原因，而是结果；创新不是源头，而是产物。”

EQ

第8章

客户管理：将用户体验融入企业基因

成功的商业模式都有一个共同的特点：将用户融入了产品以及企业的基因中。企业在开发产品时，出发点就是用户的痛点以及用户尚未被满足的需求。用户才是企业价值的创造者，是企业方向的引导者，是企业竞争力的核心。如同周鸿祎所说："如果脱离了用户谈商业模式，不是耍自己就是耍 VC，最终也是耍自己。"

8.1

客户第一，员工第二，股东第三

> 阿里巴巴只有坚持“客户第一”，为客户创造持久的价值，才有可能为股东创造价值。在新经济时代，让客户满意的最主要因素是我们的员工，没有勤奋、快乐、激情敬业和富有才华能力的员工，给客户创造价值就是一句空话。没有满意的员工队伍就不可能有满意的客户，没有满意的客户绝对不可能有满意的股东。
>
> ——马云

一直以来，“客户第一、员工第二、股东第三”是马云的管理理念。他曾在多种场合强调过这一理念。这一理念，曾一度导致一些投资者的抵触，因为他们难以理解并接受这一理念。

2014 年 9 月 9 日凌晨，阿里巴巴正式举行首场 IPO 路演。马云在致股东的公开信中，首次解释了阿里的这种管理理念。马云说：

“阿里巴巴只有坚持‘客户第一’，为客户创造持久的价值，才有可能为股东创造价值。在新经济时代，让客户满意的最主要因素是我们的员工，没有勤奋、快乐、激情敬业和富有才华能力的员工，给客户创造价值就是一句空话。没有满意的员工队伍就不可能有满意的客户，没有满意的客户绝对不可能有满意的股东。”

在2015年，阿里巴巴16周年前夕，马云发布的《不忘初心，不畏将来》的公开信中，再次重申了这一理念。《不忘初心，不畏将来》的公开信内容如下：

各位阿里伙伴：

明天就是阿里巴巴16周岁的生日了。

16年来，“让天下没有难做的生意”这个梦想，让我们从五湖四海相聚到了一起。16年来，热爱、相信、坚持的力量，聚沙成塔，让生态圈有了现在的样子：

“Made in China”漂洋过海，世界级的产品走进了山村。

田地里挥汗如雨的农民，在店铺里收获了绿色的价值。

云计算，让一个普通的创业者，轻松应对海量用户。

更关键的是，“简单、信任”的商业新内涵，开始成为商业共识。

这还只是开始，而未来，一切将会让更多的梦想成真。

16年，我们有幸身在一个前所未有变革的时代。16年，我们有幸用自己的付出与努力，给这个时代带去微小而美好的改变。

当然，我们深知，过去16年，是客户的陪伴与支持，给予了我们追逐梦想的勇气与力量。阿里的价值，始终体现在我们对理想的追求和为客户所创造的价值。无论是过去的16年，还是未来的16年，“客户第一”的初心不改。

因此，阿里巴巴集团管理团队决定，从今年起，9月10日不仅仅是阿里的生日，同时也将成为阿里客户日，不断提醒我们自己要贴近客户、倾听客户。

当然，“客户第一”不是一天一时的事情，我们要时时去了解客户的所思所想，特别是他们对阿里提出的尖锐问题，有哪些方面我们可以做得更好；我们更要不断地挑战自己，用不同的视角给客户创造更多新的价值。

在这个需要奔跑着成长的时代，让我们始终秉持“客户第一”，不断赋予“让天下没有难做的生意”新的时代内涵。

不忘初心，不畏将来！

阿里巴巴集团

2015 年 9 月 9 日

8.1.1 帮助客户是第一使命

从企业本质上来说，企业是因客户而存在，客户决定了企业的发展前途。没有客户，企业就难以生存，盈利更是无从谈起，客户可以说是企业的衣食父母。员工为客户服务，满足了客户需求，企业也就获得了利润，员工和股东才有了利润。

在客户、员工与股东这个链条中，客户无疑是第一位的；股东无法为客户直接服务，通过员工为客户提供服务，因此员工是第二位的；员工给客户提供了满意的服务，客户给予企业回报，股东才能获得利润，从这个角度来说，股东处于第三位。

阿里巴巴的客户多为中小企业，因此，马云将“帮助全世界中小企业发展”作为阿里的第一使命。马云作为 B20 工商界活动中小企业发展议题组组长，率先提出的 eWTP（Electronic World Trade Platform，世界电子贸易平台），成为《B20 政策建议报告》中的中国主张。

马云说："eWTP 是一个民间的，企业驱动的这么一个平台，能够帮助全世界的中小企业，帮助每一个单个的个人参与全球经济，这是我们想要分享的全球经济。""我们也可以称 eWTP 是 eroad，原来有丝绸之路，现在我们叫电子之路、电子之道。在这个电子之路 eroad 上面，能够让全世界的中小企业、个人、年轻人自由畅通地进行贸易。""全球化应让 80% 的中小企业受益"，"中小企业解决了绝大部分的就业问题，但它没有机会全球化，所以我们想通过建立一个新的机制，完善补充 WTO。"

在谈到基础设施时，马云建议各国之间必须建立一套物流的对流体系，这些物流跟原来的物流可能还是有一些差异的，但这些物流的主要任务是帮助中小企业，并使中小企业客户们的生意越来越好做。

帮助客户、成就客户，就是成就企业自己。用 IBM 的创始人沃森的话来说："我们必须善待客户，这样他们就能带来利润，购买更多的产品。此外，我们还要善待员工，给他们酬劳，鼓励他们。如果做好了这两项工作，我们也就能做好第三项——关于股东的事情。如果客户满意，雇员们又努力工作的话，就会有利润，而股票价格自然也会上升。"

8.1.2 给客户极致的服务

将客户放在第一位，服务绝对是首要考虑的因素，也是最为核心的考核元素。将服务摆在第一位，服务到家，客户才会心满意足，才会去用你的产品，进而对你的企业产生强烈的信赖心理。

说起对客户的服务态度，人们第一想到的就是"海底捞"。海底捞的服务是典型的极致服务。海底捞的现场服务内涵主要包括两方面：常规服务、超期服务。

在常规服务部分，包括仪容仪表、礼貌礼仪、招待技巧、应知应会等方面内容，见表 8 -1。

表 8 -1　海底捞常规服务部分内容

常规服务项目	内容
七句敬语	您好、请、谢谢、对不起、没关系、欢迎光临、再见
服务标准	五声四勤。五声，即迎声、答声、谢声、歉声、送声；四勤，即眼勤、嘴勤、手勤、腿勤
服务心态	做事要开朗、热情、有活力、乐观、大方、不拘谨、不扭捏、表里如一
基础服务	以客户满意为前提，认真服务，操作流程不漏项、不掉项
常规服务	A）发毛巾时，面带微笑，热情大方，称呼得体，按次序发放，保证热毛巾的用量和质量 B）保洁人员也要以友善的话语表示欢迎，如您好，小心路滑等 C）送柠檬水、汤、豆浆的人员要保证汤、豆浆 80 度以及质量、卫生 D）随时供应汤、豆浆、柠檬水，确保客户区域随时到位、无短缺

海底捞的超值服务的目的是感动客户。大致有几种服务：管家式服务、亲情式服务、顾问式服务、情景式服务、保姆式服务等。超值服务表现在客户进店后的细节上。比如，在客户到齐的 10 分钟内，要准确分辨出顾客身份，以管家式的周到细致来照顾宾客，提高顾客身价；对于行动不便的顾客，服务人员要第一时间帮忙推轮椅；顾客如果酒醉呕吐，服务人员除了马上清扫外，还要帮助顾客清理污物或端送凉开水，以便顾客尽快恢复；帮助客户搜集庆典资料，制作光碟，现场直播；帮助客户查询列车时刻表；在客户过生日时，给客户一些大大的惊喜；顾客的小孩哭闹时，给他适合的玩具，哄他开心等。

这些细节方面的超值服务，都能给客户带来极好的体验，客户的忠诚度也会随之增加。相应地，企业的员工待遇、利润等也会因客户的信赖而提升。

8.2

客户金字塔的秘密：1万，10万，100万

> 前1万个客户是你CEO自己做，前10万个客户是你的团队做，前100万个客户是10万个客户去做。能够形成客户帮客户，你就创造了价值。如果客户替你说好的时候，这东西就是真好；客户不替你说好就是假好。
>
> ——马云

2014年9月19日，阿里巴巴于纽交所上市，发行价68美元，由阿里巴巴的8名客户敲响了上市钟，阿里巴巴也以218亿美元的融资额创造了美股史上最大规模的IPO。阿里巴巴与客户共同创造阿里的点滴成绩，又共同分享了阿里的成就。

这一行为，正是马云的"客户第一""以客户为中心"的价值理念的体现。在阿里，客户就是上帝。数年来，马云在公众演讲中，提的最多的就是"以客户为中心"。正是在这种理念指导下，阿里巴巴从一个只有18人的小公司迅速成长为世界级的商业巨鳄。

客户才是公司价值的真正创造者，是公司发展的强大推动力量。早在

2007 年杭州第四届网商大会上，马云就有关于客户创造价值的论述：

“其实，网商有今天，阿里巴巴起到的作用不是很大。就像阿里巴巴有今天，马云在这个公司里起的作用不大一样。我前两天跟雅虎的一个同事交流什么叫以客户为中心，请在座的所有的人记住，这是一个不变的道理，这是我做阿里巴巴 8 年，从 1995 年到现在创业 12 年的经验。以客户为中心就是：前 1 万个客户是你 CEO 自己做，前 10 万个客户是你的团队做，前 100 万个客户是 10 万个客户去做。能够形成客户帮客户，你就创造了价值。如果客户替你说好的时候，这东西就是真好；客户不替你说好就是假好。”

“以客户为中心”的高明之处，不单单是服务好客户，而是以客户为核心，建立一个客户商业生态链，不断为客户创造价值，且与客户分享价值，使整个客户生态链处于一种良性、健康发展的循环状态。

8.2.1 诚信为本，不忽悠

在阿里的“六脉神剑”价值体系里，“客户第一”与“诚信”都是其中之一。从员工与客户关系角度来说，两者是相辅相成的。诚信的对象是客户，员工对客户坦诚以待，则证明员工将客户放在了第一位。阿里的诚信包含以下内容，见图 8 -1。

随着业务的不断扩大，人员的增加，阿里不断强化新老员工的价值观与认同感。员工认同公司的价值观是员工是否被录用的重要评价指标，也是员工在日后的工作中是否有发展的判断标准之一。如果员工不认同，或者做了违背价值观，做了损害客户利益的事情，那么阿里会毫不留情地开除这样的员工。

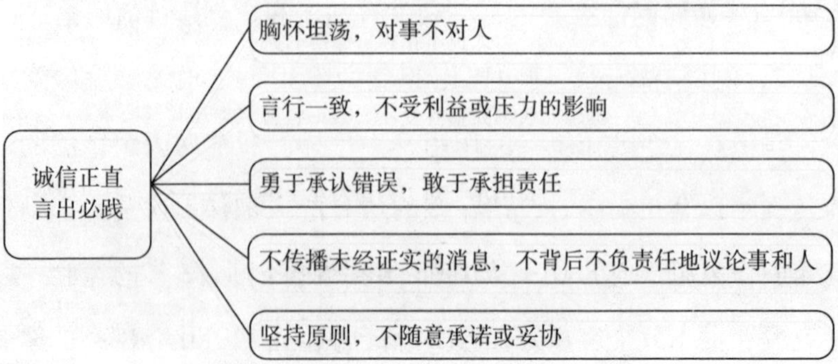

图8－1 阿里诚信体系内容

在阿里，价值观并不是喊口号，公司所有员工都必须对其有正确的解读，明白公司提倡什么，反对什么，哪些行为会加分，哪些行为会减分甚至会被开除。

举例来说，不做虚假记录就是关于阿里的诚信价值观的一条具体解读。阿里在广州有一个非常优秀的销售员服务了上百个客户。

阿里规定销售人员定期对客户做回访，且要有回访记录。这位销售员很“机灵”，他觉得每个月回访一百来个客户太累了。于是，他就在CIM里面随意编造了一个不存在的回访记录。

阿里在品控抽查时，给客户打电话询问客户一些问题，其中就有关于回访的问题：几月几号某某经理有没有来过？而客户们的回答很一致：没有来过，那天刮台风，多数公司都放假了，他肯定没来。

他这种虚假拜访行为，就是典型的不诚信，在阿里属于一类过失，除了开除没有任何商量的余地。

还有的情况下，员工对客户进行过度承诺，简单来说就是忽悠客户。比如，销售人员对客户说“您和我们合作，今年稳赚百万是没有任何问题的。”这种行为在很多公司非常常见，有的公司甚至为了拉到单子、获取丰厚利润，纵容员工的这种行为。而阿里将这种行为也纳入不诚信的范畴，属于一类过时，不给其任何机会，直接开除。

8.2.2 让客户帮助客户

“前100万个客户是10万个客户去做”，马云这句话的核心就是：客户感觉产品好，平台好，自然会告诉身边熟悉的人，这样一传十，十传百，就能实现很好的口碑传播，吸引越来越多的客户。

在过去，虽然公司的产品也有客户进行口碑传播的策略，但并不是主流。而在互联网时代，由于信息对称性强，传播速度快，影响范围大，每个普通人都成了信息的节点，都是意见领袖。因此，就有了口碑为王的说法。“用户的口碑+社会化媒体传播”能迅速扩大口碑传播的力量，使客户挖掘客户、吸引客户。

如今，在那些成功的互联网大企业或传统型企业中，大多也采取了这种策略。以小米为例：

2010年8月，小米的第一版MIUI发布时，小米只有100个用户，这是小米最早的口碑传播核心用户。在2011年小米手机发布时，MIUI的用户激增到50万个，都是小米的发烧友。短短1年时间，小米是如何实现让客户帮助客户，使客户数量从100个激增到50万个的？

实际上，小米抓住了口碑传播的三个节点，即：速度更快、界面更好看、更具开放性。小米创立之初，就注重用户的速度体验。当时，打电话、发短信速度不够快是很多用户的痛点。小米将桌面动画帧速从每秒30帧提升到每秒60帧，还提升了用户指点滑动屏幕的流畅感。当时，苹果的界面是最好看的，而安卓系统的界面相对来说没有优势。小米先优化程序，让系统更快，然后开始编写 MIUI 主题，做到了千姿百态。

小米还允许用户来重新编译订制 MIUI 系统，具有很强的开放性。这也使得很多国外客户都参与进来，并对小米进行深度口碑传播。当用户在使用小米手机时，发现速度很快，系统具有很强的开放性时，自然而然就愿意与周围的用户分享这一体验。此时，用户也自然呈爆炸式增长。

8.3

深淘滩，低作堰

深淘滩，就是不断地挖掘内部潜力，降低运作成本，为客户提供更有价值的服务。客户决不肯为你的光鲜以及高额的福利多付出一分钱。我们的任何渴望，除了用努力工作获得外，别指望天上掉馅饼。公司短期的不理智的福利政策，就是饮鸩止渴。低作堰，就是节制自己的贪欲，自己留存的利润低一些，多一些让利给客户，以及善待上游供应商。将来的竞争就是一条产业链与一条产业链的竞争。从上游到下游的产业链的整体强健，就是华为生存之本。物竞天择，适者生存。

——任正非

2200多年前的战国时期，成都平原的岷江上游水流湍急，进入灌县以后，地势突然低平，水势减缓，所挟带的大量泥沙沉积下来，淤塞河道，时常泛滥成灾。秦国蜀郡太守李冰父子采取“引水灌田，分洪减灾”的方法，选择水量丰沛的岷江中游作堰址，乘势利导，构筑了以无坝引水为特征的大型水利工程都江堰。从此之后，成都平原“水旱从人，不知饥馑，时无荒年”，成为了名副其实的天府之国。

时至今日，都江堰工程依然发挥着造福一方的作用。都江堰水利工程之所以能够服务到今天，都是因为最精华的六个字——深淘滩，低作堰。人们将其奉若经典，世代遵从，不敢有违。

其中，“低作堰”指的是飞沙堰一带要低作。飞沙堰的作用是在枯水季节拦水流入宝瓶口，保证灌溉和航运；丰水季节具有强大的排沙功能。飞沙堰修得高一点，虽然枯水季节可多进水，但丰水季节就容易造成严重的淤积，使工程逐渐废弃。这是典型的急功近利的做法。正确的做法是用“深淘滩”的方式，每年都进行岁修。在岁修时，必须淘滩淘到一定深度，不可有任何的懈怠。为此，李冰在河床下埋石马（明代起改埋卧铁），作为深淘标志。

任正非十分推崇“深淘滩，低作堰”的哲学。在 2009 年 4 月的“运作与交付体系奋斗表彰大会”上，任正非首次提到这种管理哲学。部分演讲内容如下：

“深淘滩，低作堰”是李冰父子 2000 多年前留给我们的深刻管理理念。同时代的巴比伦空中花园、罗马水渠、澡堂，已荡然无存，而都江堰仍然在灌溉造福成都平原。为什么？李冰留下“深淘滩，低作堰”的治堰准则，是都江堰长盛不衰的主要“诀窍”。其中蕴含的智慧和道理，远远超出了治水本身。华为公司若想长存，这些准则也是适用于我们的。

深淘滩，就是不断地挖掘内部潜力，降低运作成本，为客户提供更有价值的服务。客户决不肯为你的光鲜以及高额的福利多付出一分钱的。我们的任何渴望，除了用努力工作获得外，别指望天上掉馅饼。公司短期的不理智的福利政策，就是饮鸩止渴。低作堰，就是节制自己的贪欲，自己留存的利润低一些，多一些让利给客户，以及善待上游供应商。将来的竞争就是一条产业链与一条产业链的竞争。从上游到下游的产业链的整体强健，就是华为生存之本。物竞天择，适者生存。

8.3.1 提效率，降成本

在面临金融危机或者遇到其他一些危机的情况下，一些公司为了压缩开支、节约成本，不惜大幅削减研发、市场营销费用，而这实际上是企业核心竞争力的关键环节。这些费用一旦削减，产品的质量、创意、销量等就得不到保障，客户因为产品出现的问题，一般会选择不再续约，另找合作伙伴。得罪了客户，就是削减了企业的核心竞争力，可能等不到产业春天的到来就已经倒下了。

而任正非的“深淘滩”则是与此对立的思路。华为的“深淘滩”用任正非的话来说，“要不断地挖掘内部潜力，降低运作成本，为客户提供更有价值的服务。”概括来说，任正非的“深淘滩”体现在以下三方面，见图8－2。

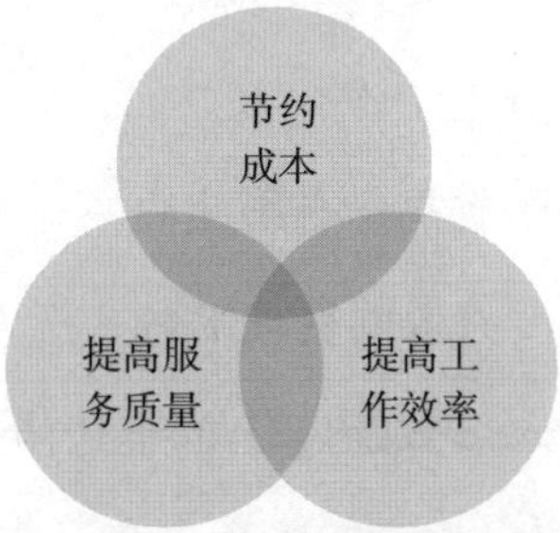

图8－2　深淘滩的三个方面

节约成本。华为成本的管理主要是在“以客户为中心”的前提下，通过人力资源的合理安排，以及先进技术的使用，进行细化管理，实现高质量、低成本的战略。正如任正非所说：“当前在预算考核中，我们压缩的是内部运作成本，而不是客户及供应商界面的管理费用，各个部门要真正地理解。压缩内部运作成本，才有利于机关组织的大部门制与联席化，流程优化及简化。”“新技术对商业成功的决定作用将有所淡化，经营低成本将成为竞争的关键要素，我们未来的生存发展靠的是管理进步。我们要坚定不移地保持低重心，紧紧抓住土地。首先要抢地盘，抢到地盘后再生根开花。”

需要注意的是，对于研发产品的成本，任正非在《最好的防御就是进攻》中有这样一段论述：“要舍得打炮弹，用现代化的方法做现代化的东西，抢占制高点。我们现在打仗要重视武器，要用武器打仗。以前因为穷，所以我们强调自力更生，强调一次投片成功，强调自己开发测试工具，现在看来都是落后的方法。我们要用最先进的工具做最先进的产品，要敢于投入。把天下打下来，就可以赚更多的钱。我们要舍得打炮弹，把山头打下来，下面的矿藏就都是你的了。在功放上要敢于用陶瓷芯片，要敢于投资，为未来做准备。”

提高工作效率。员工的工作效率提高，意味着人力成本的降低以及客户满意度的提升。在提高员工工作效率方面，任正非主张：“要提高我们的内部运作质量，降低运作成本，必须建立一个非常优质的管理体系，包括考核、激励等一系列高度有效的管理平台，把无效的成分剔除出去。”

提高服务质量。对于人工智能，任正非在华为内部说过这样一句话：“自己的狗粮自己先吃，自己生产的降落伞自己先跳。”这种理念在华为的运营商服务业看来，就是“先改变自己再服务客户”。华为人在脚踏实地“撸起袖子加油干”的同时，也根据历史潮流、客户需求不断进行变革与调整。

华为全球服务 Marketing 与解决方案销售部总裁盛凯在一次采访中说：

“销售收入的增长并不是我们唯一的目标，我们的目标是致力于成为客户商业问题的解决者，助力客户商业成功。2016 年，我们坚持以客户为中心，帮助建好网、提效率和增收入；同时，我们也积极和运营商一起开展了一系列的联合创新项目，比如香港电讯（HKT）数字化转型项目，一起探索数字商业新增长。只有客户成功，我们才能成功。”

8.3.2 赚小钱不赚大钱，让利给客户

公司不可避免地会面临一些难题，如客户非常关心采购成本与产品运营成本，因此对产品的外观、性能、质量等提出的要求越来越高；对价格的诉求也越发苛刻，在金融危机的环境下更是如此。此时，公司应如何应对客户对产品的种种诉求变化？

任正非提出的“低作堰”正是应对之策。任正非认为：“‘低作堰’就要节制对利润的贪欲，自己留存的利润低一些，多一些让利给客户，并善待上游供应商。将来的竞争就是一条产业链与一条产业链的竞争。从上游到下游的产业链的整体强健，就是华为生存之本。物竞天择，适者生存。”

“我们一切出发点都是为了客户，其实最后得益的还是我们自己。有人说，我们对客户那么好，客户把属于我们的钱拿走了。我们一定要理解‘深淘滩，低作堰’中还有个低作堰。我们不要太多钱，只留着必要的利润，只要利润能保证我们生存下去。把多的钱让出去，让给客户，让给合作伙伴，让给竞争对手，这样我们才会越来越强大。这就是‘深淘滩，低作堰’。大家一定要理解这句话。这样，大家的生活都有保障，就永远不会死亡。”

“为什么我一贯主张赚小钱不赚大钱？这就是商业模式。因为电信网络不太挣钱了，有些设备供应商减少了有些方面的投资，才让我们赶上来了。如果当我们在这个行业称霸时，我们继续赚小钱，谁想进这个行业赚大钱是不可能的。他要赚小钱，他能不能耐得住这个寂寞？耐不住寂寞他就不干了，还是我们占着这个位置。如果我们长期保持饥饿状态，不谋求赚大钱，最终我们能持久赚钱。赚小钱，如果分配不是很差，还过得去，大家不散掉就行了。如果我们想垒起短期利益，想赚大钱，就是在自己埋葬自己。”

概括来说，客户利益至上，不要为获取高利润而放弃对客户的回报，不要因短期目标而损害长期目标。

8.4 用户体验感差？上百道流程是解药

要是仔细核算从用户下单到最后交易真正完成，包括退换货完成，我们大概有 34 个大的节点，100 多个具体流程动作。这里面任何一个动作出现问题，都会影响到用户体验。

——刘强东

用户体验感，即用户在使用产品过程中，在操作习惯、使用心理等方面最为直观的感受。在互联网产业中，成功的企业大多都将其放在第一位，并视为企业发展的核心竞争力所在。腾讯、百度、京东、搜狐、阿里巴巴等，这些企业都因重视用户体验，并不断完善用户体验而走向成功。

在京东，有一条管理法则叫作“NO（不）原则”，即：第一，没有事实或数据能够证明别人的需求是不正确的，你不能说“NO”；第二，所有有利于用户体验提升的地方，任何人、任何部门都不能说“NO”。

京东是相当重视用户体验的，刘强东曾在一次采访中坦言，“做电商永远都不晚，永远都是比用户体验。如果你的体验比我好，你就可能超越我。”

京东一直以来强调“前端用户体验、后端成本效率”的核心竞争力，始终坚持“客户为先”的核心价值观，也因此成为如今电商中的巨鳄。刘强东在其自传中也曾指出：“从整体来看，京东商城整个战略的核心就是用户体验。”

不得不说，京东在客户体验方面确实做得很到位，重金自建物流、强化自营体系、对假货零容忍等，从战略布局到细节打造，都建立在“以用户体验为核心”的基础之上。

刘强东认为：“价格、服务、产品，这三个决定用户体验的因素，单拿出任何一个其实都不难做到，但如果想把三者结合在一起，就必须依靠物流系统、信息系统、财务系统做支撑。一旦真的把这三个系统做好了，那么你就有足够的能力和竞争对手去较量。”

8.4.1 价格：最大的利润给用户

利润，利润，还是利润。当很多企业以利润为追求目标时，京东的理念就像是一股清流。刘强东说：“当别人都卖一块钱的时候，我们卖九毛钱。如果我们卖九毛钱还能和别人卖一块钱、一块二赚得一样多，那么，这就是我们京东的核心竞争力。”

为此，京东在成本与效率方面不断更新、优化，使得产品品类更丰富，质量更好，服务更优，价格更有优势。

2017 年，刘强东在“京东的商业模式与中国式电商”的内部讲话中指出，京东之所以能够生存下来，最核心的优势是把仓、配、采购这三者合为一体，大幅度降低了成本。而京东商城之所以能够赚钱，则是符合了京东过去 10 年前定的战略，靠京东的成本和效率来赚钱。京东大幅度降低了社会化成本，从此给京东留下了可以赚钱的空间。

在京东的商业模式里，从价格方面来说，在用户获得极好的价格体验的同时，京东其实也源源不断地获取利润。可以说，京东与用户达成了一种双赢的关系。

8.4.2 服务：上百道流程只为完美体验

如今，用户在购买产品时，已经不再局限于产品本身，而是更注重产品服务。企业的质量保证、服务承诺、服务态度和服务效率，已成为用户判定产品质量和决定购买与否的重要条件。

产品的服务按照阶段来划分，可分为售前服务、售中服务和售后服务。在售前服务阶段，用户的体验值取决于能否给用户提供各种技术咨询、产品介绍、导购服务、迅速报价、容易联系等；在售中阶段，用户的体验值取决于产品销售过程中，是否热情接待，是否为用户精心挑选产品，是否能够打消用户对产品的各种疑虑，以及用户对产品的体验等；在售后阶段，用户的体验取决于能够及时快速送货、产品的安装、维修、定期保养、质量担保等，以保证用户所购产品价值的充分发挥，解除用户的后顾之忧，提高满意程度。

在电商平台，用户体验最难做的部分就是服务。刘强东强调：“要是仔细核算从用户下单到最后交易真正完成，包括退换货完成，我们大概有34个大的节点，100多个具体流程动作。这里面任何一个动作出现问题，都会影响到用户体验。”

在这100多道流程中，最难做的是物流，而物流对用户体验的影响几乎占到60%~80%。为了解决“最后一公里”问题，京东在2007年就开始斥巨资自建物流。

2014 年，刘强东还亲自骑着一辆三轮车，成了一名普通的快递员，来搜集用户对物流的体验。

京东在物流方面管理非常严格。在物流的细节方面，决定在什么时间配送，以及用什么样的卡车，是 13.6 米的、14.2 米的，还是 18.7 米的，甚至要停到哪一个仓库的哪一个大门，系统都会给出明确的提示。这样一来，物流的效率更高了，用户体验值也大幅升高了。

8.4.3 产品：假货、水货就是天敌

一旦假货或水货进入一家企业平台，那么，短时间内可能会赚钱，但这是极其短视的思想。还有的企业也不想卖假货和水货，但因为在这方面管理过于宽松，偶尔还是会混入假货与水货。这样的企业，注定只能短期获利，而无法走得长远。

将假货、水货当成天敌，这已经是京东的一种价值观。2015 年，假货和水货一度泛滥，为了杜绝假货、水货，刘强东不惜“壮士断腕”。同年 11 月 10 日起，拍拍网不再接受新卖家入驻；12 月 31 日，停止提供 C2C 模式的电子商务平台服务。而这一切的原因只有一个——杜绝假货、水货。

刘强东为了确保京东产品的“真”，一直在京东购物，以求以消费者的身份来第一时间发现问题。

2015 年，刘强东还成立了 58 人的专门团队，专门负责抽检打假。为了杜绝假货，刘强东还规定：“一旦平台上出售假货，上面 A、B、C 三级的管理人员一年内不得升职加薪；如果一年发现三次，相关人员要被开除。”

8.5

脱离用户谈商业模式，不是要VC就是要自己

> 无论最后做到多么大的一个商业模式，它的起点一定来自于你发现了用户有一个痛点，一种没有被发现或者被发现了还没有被满足的需求。因此我觉得，如果脱离了用户谈商业模式，不是要自己就是要VC，最终也是要自己。任何模式都源自于对用户的理解，对用户需求和痛点的理解。
>
> ——周鸿祎

当下，很多企业老总都热衷谈商业模式，如充电宝商业模式、共享单车商业模式、京东的商业模式、淘宝的商业模式等，他们忍不住对它们的商业模式品头论足，下一步就是模仿，模仿，再模仿。殊不知，当所有人都看清这些商业模式的时候，分一杯羹的机遇是少之又少。

而投资者在投资一家公司时，也同样热衷于询问商业模式。第一个问题也往往是：你的商业模式是什么？“商业模式”就是一个融资神器，只要融资方把“商业模式”的故事讲好了，投资者就会慷慨地掏出一大笔钱。

事实上，很多人对商业模式这个问题并不是特别清楚，绝大多数人还停留在“我是做什么的？我靠什么赚钱？”这个简单的商业模式上。

哈佛商学院教授克莱顿·克里斯滕森对商业模式的解释为：商业模式就是如何创造和传递客户价值和公司价值的系统。克莱顿·克里斯滕森认为，商业模式包括四个要素：客户价值主张、赢利模式、关键资源和关键流程。通俗来说，我们将其归纳为四个方面，见图 8－3。

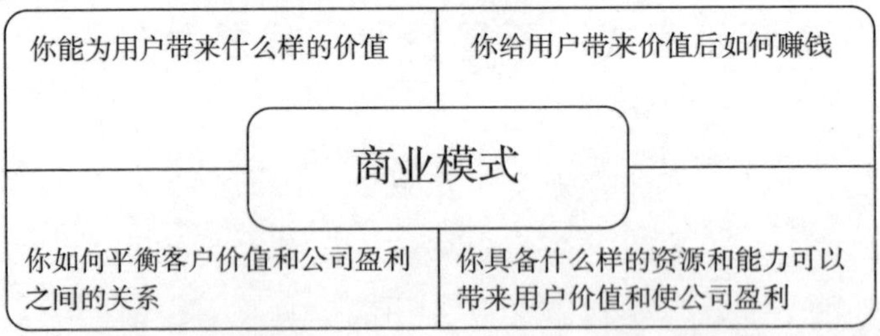

图 8－3　商业模式的四个方面

从图中我们可以发现，商业模式的核心是用户价值，如果不能为用户创造价值，或者不能带来用户价值，那么，商业模式便失去了成功的基础。

360 总裁周鸿祎认为：“无论最后做到多么大的一个商业模式，它的起点一定来自于你发现了用户有一个痛点，一种没有被发现或者被发现了还没有被满足的需求。因此我觉得，如果脱离了用户谈商业模式，不是要自己就是要 VC，最终也是要自己。任何模式都源自于对用户的理解，对用户需求和痛点的理解。”

周鸿祎还指出，检验一个商业模式能不能成立，有没有商业价值最重要的一点是：“换位思考一下，如果让你决定去投资一个东西，你的第一反应就是会把自己当成一个用户去体验：是不是愿意用这个产品？是不是打中了你的需求？用户思维可以作为对任何一个模式的判断标准。”

8.5.1 从用户中来，到用户中去

周鸿祎在一次关于商业模式的文章中，有这样一段论述：“毛泽东还有一句话：‘从群众中来，到群众中去’。我把它改一下，做互联网产品，就要‘从用户中来，到用户中去’。从用户中来，放下架子，真正从用户角度去看产品，把一切花哨的玩意儿去掉，把复杂的技术做到后台，让用户看到的是简单、简洁，让用户用起来是顺手、顺心。这样做出来的东西，才会受到用户的欢迎，才会让产品到用户中去，从而汇聚起大规模的用户基础。”

以三只松鼠为例。三只松鼠于2012年在淘宝天猫上线。品牌一经推出，立刻受到了风险投资机构的青睐，先后获得IDG的150万美元A轮天使投资，2013年，获得今日资本的600万美元B轮投资，IDG跟投；2014年，获得今日资本和IDG资本1.2亿元C轮投资；2015年，获得峰瑞资本总金额达3亿元的第四轮融资，当时的估值据称达40亿元。

三只松鼠主要经营坚果、干果、茶叶等森林食品，其上线后的65天，就已经成为中国网络坚果销售第一名；2012年“双十一”，三只松鼠创造了日销售766万元的奇迹，名列中国电商食品类第一名；2013年1月，三只松鼠单月销售额超过2200万元；2014年、2015年及2016年，三只松鼠分别实现营业收入9.24亿元、20.43亿元、44.23亿元，营收增长率均超过100%。

这个“小而美”的实力派代表，是如何在极短的时间内获得飞速发展，打动用户和投资者的？

可以说，这得益于三只松鼠的“用户思维”。三只松鼠将用户体验做到了极致。刚进入三只松鼠旗舰店，就有这样一行字弹出来：“主人么么哒，有什么需要为您服务，欢迎吩咐小鼠。”于是，冷冰冰的消费过程转化为生动有趣的沟通过程。他们称呼用户为“主人”，这种“尊贵”的身份，使用户倍感亲切、温暖。

从用户下单收到短信提醒起，到收到“鼠小箱”上的生动对话，处处都能使用户感觉到信任与爱。可以说，品牌的去组织化和人格化做到了极致。当用户打开包裹后会惊喜发现三只松鼠的体验感极好：带有品牌卡通形象的包裹、开箱器、快递大哥寄语、坚果包装袋、垃圾袋、封口夹、卡通钥匙链、湿巾、传递品牌理念的微杂志等。这些小物件都是处于用户的角度，全心全意为用户考虑的。

三只松鼠的整个消费行为的过程都与“用户体验”密不可分，可谓切切实实做到了“从用户中来，到用户中去”。从用户出发，解决用户关心的问题，不断提升用户体验，这就是三只松鼠商业模式成功的核心所在。

8.5.2 用户参与式消费

互联网时代也是粉丝经济时代，人人追求个性，标新立异，存在感强，喜欢通过参与来获得认可。因此，企业要明白，必须让互联网时代的用户参与到企业的经营之中，企业才能实现更多的价值。企业做产品需要的不仅仅是用户，更需要粉丝用户。粉丝用户是优质目标用户，产品在这些粉丝用户的不断参与中得到优化，开始趋于完美；而粉丝用户决定了产品的销量与趋势。

那么，如何充分调动用户的参与感，使用户成为粉丝，使粉丝用户成就品牌？在当下互联网大环境下，企业应从产品研发到售后，始终与用户在一起，让用户参与产品流通过程的每一个环节。如此一来，用户的存在感得到认可，产生“主人”的感觉。他们不仅能为产品提供更好的优化建议，更容易对企业产生认可，从而助企业一臂之力。

以小米的第一个产品 MIUI 开发为例，最初，MIUI 团队只有 20 多人。当时副总黎万强开始首次尝试用户参与模式。

小米副总黎万强在《参与感：小米口碑营销内部手册》一书中，针对 MIUI 参与感总结出一套“参与感三三法则”，具体为：

（1）“开放参与节点”。我们除了工程代码编写部分，其他的产品需求、测试和发布，都开放给用户参与了。这种开放是企业和用户双方获益的。我们会根据用户意见，不断迭代完善产品；用户也拿到了自己想要的功能和产品。

（2）“设计互动方式”。是基于论坛讨论来收集需求，固定的“橙色星期五”每周更新。

（3）“扩散口碑事件”。有基于 MIUI 产品内部的鼓励分享机制，也有我们集中资源所做的口碑事件。我们为最早参与测试的 100 个用户，拍了个微电影《100 个梦想的赞助商》，是参与感的“放大器”。

由于粉丝用户的这种深度参与，使小米的 MIUI 获得了很好的口碑，并为日后的小米手机发布奠定了粉丝客户的基础。

于是，每当小米开发产品时，粉丝用户们就会为其出谋划策；每当小米新品上线时，粉丝用户们就会参与抢购，数亿元的销售额在瞬间就能完成；每当小米要推广新产品时，粉丝用户们奔走相告；每当小米产品售出后，这些忠实的粉丝又帮助小米完善产品，传播口碑。通过互联网，小米的粉丝用户扮演着产品经理、测试工程师、口碑推荐人等多种角色，他们的参与感无处不在，渗透在产品与品牌发展的每一个细节中，大大提升了品牌的影响力。